AF192718

Francesco Petrarca

DE SU IGNORANCIA
Y LA DE MUCHOS

Edición de José Luis Trullo

Traducción y notas de
María José Martín Velasco

1ª ed., abril de 2025

© de la traducción, María José Martín Velasco
© de la edición, José Luis Trullo para Cypress Cultura

Thema: QDHH Filosofía humanista
BIC: Ética y filosofía moral

Depósito legal: SE 549-2025
ISBN: 979-13-87504-10-6

IMPRESO EN LA UNIÓN EUROPEA

ÍNDICE

Introducción

INTRODUCCIÓN

1. Origen y naturaleza de la obra.

De entre las obras en latín escritas por Francesco Petrarca, el tratado que lleva por título *De sui ipsius et multorum ignorantia* es, en opinión de la mayoría de sus estudiosos, la que mejor revela lo que supuso su aportación a la historia del pensamiento.[1] Comenzó a escribirlo –si asumimos lo que nos dice el propio autor–[2] en mayo de 1367 durante una travesía por el río Po desde Venecia hacia Pavía, donde había sido invitado por Galeazzo Visconti, y lo concluyó en enero de 1371. El poeta toscano tendría, pues, sesenta y tres años cuando emprendió su redacción, edad que él mismo describe como «provecta y fatigada» y, quizá por eso mismo, idónea para hacer un balance de su vida hasta entonces y una exposición de sus postulados, audaces para la época.

De la obra se conservan dos manuscritos: uno en la Staatsbibliothek de Berlín (códice Hamilton 493) y otro en la Biblioteca Vaticana (códice Vaticanus latinus 3359 [M.L. 145]). Este último es una copia autógrafa que Petrarca le envió a su amigo Donato Albanzani, profesor de humanidades en Rávena y en Venecia, a quien Petrarca afectuosamente denominaba 'Donato de los Apeninos' (*Apenninigena*), y fue minuciosamente trabajada como lo demuestran las enmiendas, añadidos y anotaciones marginales.

Petrarca llamó a esta invectiva *De sui ipsius et multorum ignorantia,* reflejando en el título la diferencia que existe entre la ignorancia consciente y positiva de tipo socrático de la que él mismo hace gala (*sui ipsius*), que impele al que la reconoce a seguir estudiando, y la de quienes (*multorum [aliorum]*) se creen tan sa-

---

[1] Francisco Rico, *Petrarca: su vida, su obra, su tiempo (I)*. Conferencias en la Fundación Juan March. 11/01/2011. https://canal.march.es/es/coleccion/petrarca-su-vida-su-obra-su-tiempo-i-petrarca-su-vida-su-obra-su-tiempo-i-21975
[2] Ibid.

bios que, al no detectar sus limitaciones intelectuales, consideran que lo que ellos no conocen no puede llamarse sabiduría. Lorenzo Valla traduce el título como *Sobre la ignorancia propia y ajena,* atendiendo al contenido del texto. Otros estudiosos han propuesto variantes como *Sobre su propia ignorancia y la de muchos otros* o *Sobre la ignorancia del autor y la de muchos otros,* para respetar la literalidad. No obstante, más allá de las variaciones en su título, la obra trasciende la mera cuestión nominal para erigirse como una reflexión en torno a las rivalidades y envidias que impregnaban los círculos intelectuales de la Italia del siglo XIV.

A pesar del carácter autobiográfico de esta obra, y aun admitiendo que los escritos de Petrarca constituyen la fuente primordial para conocer su vida, es necesario examinar con espíritu crítico la información que proporciona sobre sí mismo. Consciente de la trascendencia histórica de su figura, el autor cultivó meticulosamente la imagen que pretendía legar tanto a sus contemporáneos como a la posteridad. En este ejercicio de construcción personal, no solo elegía con precisión qué aspectos revelar, sino que incorporaba elementos inexactos para favorecer su proyección pública. La intencionada construcción de su personalidad literaria nos exige abordar sus confesiones, no como hechos históricos verificables, sino en cuanto componentes de una elaborada estrategia de autorrepresentación.

El detonante para escribir este opúsculo fue el profundo dolor que le causó la acusación que lanzaron contra él un grupo de amigos con los que había mantenido un trato cordial en Venecia.[3] Estos lo tildaban de ignorante y consideraban injustificado y excesivo el prestigio de que gozaba. Eran todos ellos seguidores de una corriente cultural entonces en boga, el averroísmo, que profesaban los aristotélicos radicales, quienes, basándose en los escritos

---

[3] Algunos manuscritos contemporáneos nos dan los nombres de los cuatro amigos: el del soldado (*miles*) sería Leonardo Dandolo; el del comerciante (*simplex mercator*), Tommaso Talenti; el del noble (*simplex nobilis*) Zaccaria Contrini; y el del médico (*medicus physicus*), Guido di Bagnolo.

del estagirita recientemente redescubiertos y traducidos, sobrevaloraban el método cientificista y consideraban que no existía otro planteamiento válido ni intelectual ni moral, despreciando por ello cualquier otro tipo de saber. Este lance obligó a Petrarca a abordar una honda reflexión y una exposición, en forma de justificación, de sus ya cimentadas convicciones intelectuales y religiosas, y a criticar con fina y mordaz ironía los postulados de sus adversarios.

2. Una invectiva con formato epistolar.

El tratado sobre la ignorancia que nos ocupa se estructura como una carta dirigida a un amigo al que informa del agravio de que ha sido víctima y al que solicita consejo sobre la conveniencia de defenderse públicamente. El formato epistolar a Petrarca le permite exponer con aparente sencillez su aflicción por el desprecio recibido y para elaborar con sutil ironía una invectiva que se ajusta con maestría a las reglas del *genus demonstrativum*. Petrarca dominaba con destreza este género de escritos, como él mismo evidencia en las *Invective contra medicum* ("in demonstrativo genere exerceor"), que, por otra parte, se ajustaban bien a su personalidad, ya que él mismo define su carácter en el segundo libro del *Secretum* como polémico e irascible.

Las *invectivae* son la herencia medieval del discurso epidíctico, definido por Aristóteles en su *Retórica* como aquel cuya finalidad era el elogio o la censura de acontecimientos o de individuos particulares. Durante el periodo medieval, esta tradición retórica se cultivó especialmente a través de las *controversiae*, ejercicios pedagógicos en los que los maestros presentaban a sus estudiantes casos legales o dilemas morales complejos para su debate. El método servía como entrenamiento integral: los alumnos perfeccionaban sus habilidades argumentativas, pulían su dominio del latín, desarrollaban el razonamiento lógico y profundizaban en su comprensión de conceptos jurídicos y morales. Petrarca conocía, apreciaba y respetaba las normas de este tipo de debates y procuraba que así lo hicieran sus lectores.

Petrarca supo utilizar el género de las invectivas como un modo de dar a conocer sus propios valores morales e intelectuales. De hecho, él pasó a la posteridad mientras que sus oponentes fueron relegados al olvido. Una vez publicadas, sus invectivas ejercieron una influencia considerable sobre varias generaciones de humanistas. Tanto por su forma como por su contenido, fueron consideradas obras maestras dignas de imitación.

3. La 'docta pietas' como síntesis entre fe cristiano y saber clásico.

Petrarca comenzó siendo lo que hoy consideraríamos un filólogo, un estudioso y amante de la letra escrita, pero al redactar el *De ignorantia* su pensamiento había evolucionado para convertirse en el filósofo moral que hoy conocemos, el que sentaría las bases del espíritu renacentista. En esta obra fundamental desarrolla el concepto de *docta pietas,* una forma de conocimiento que, sin sacrificar la profundidad ni la erudición, aspiraba a alcanzar el corazón del hombre común, conectando con sus sentimientos y orientando su conducta. Lo revolucionario de este planteamiento radicaba en que lograba armonizar dos tradiciones que, salvo excepciones, el pensamiento medieval había considerado irreconciliables: la erudición clásica (*docta*) y la devoción cristiana (*pietas*), creando así la síntesis que caracterizaría el humanismo del siglo venidero.

Más que una simple yuxtaposición de saberes, lo que consiguió Petrarca fue establecer un diálogo fecundo entre la sabiduría grecorromana y la tradición cristiana medieval, enriqueciendo la apologética religiosa con argumentos clásicos e incorporando a la difusión de la fe las disciplinas cruciales en las que se apoyaba la enseñanza en el mundo grecorromano: la gramática, la retórica, la poesía y la historia. En su papel de filósofo moral, el aretino traspasa el ámbito del pensamiento teórico para mostrar qué es la virtud y cómo ejercitarla; en definitiva, cómo comportarse como un hombre bueno. El saber clásico se transforma así en un medio para el perfeccionamiento moral del individuo, sometiendo la erudición al servicio de la transformación espiritual y del desarrollo ético de la persona.

Para sustentar esta idea, desarrolla también la teoría de lo que, con posterioridad, Marsilio Ficino denominará la *Prisca theologia,* la cual plantea la existencia de una única y verdadera teología que, revelada por Dios en los inicios de la humanidad, se habría ido transmitiendo a través de diferentes tradiciones religiosas y filosóficas que, por participar de la verdad, contendrían también intuiciones de la Verdad en mayúsculas, luego confirmada en plenitud con la llegada de Cristo al mundo.

En el presente opúsculo la polémica planteada se centra en torno a la posibilidad de que exista un diálogo entre la antigüedad clásica y el cristianismo. Haciendo uso de una ironía mordaz que toma elementos de los clásicos como Cicerón o Salustio y de los apologistas cristianos como Agustín, Petrarca cuestiona el ambiente cultural de su tiempo, empleando como recurso principal el desprestigio de sus interlocutores y reivindicando el papel de la antigüedad romana, la exaltación de la poesía y la elocuencia, la supremacía de la filosofía moral y la concepción de la piedad como fuente de verdadera sabiduría. De este modo, y con sutil ironía, desarticula los fundamentos averroístas y cientificistas que sustentaban las acusaciones en su contra. Al rememorar los lugares en los que se forjaron sus convicciones intelectuales, menciona igualmente a personalidades destacadas cuya amistad cultivó y que influyeron en su desarrollo académico, recalcando el respaldo que estos personajes de reconocido prestigio le brindaron.

Petrarca desprecia sistemáticamente todo lo que no provenga del ambiente cultural romano, es decir, lo árabe y, en menor medida, lo griego, británico y francés, así como el discurso revestido de cientifismo dogmático. Dos ciudades representan para él el centro del error en el que vive sumida la vida cultural de su época: Aviñón y Venecia, así como un autor que para él está cegando a los pensadores: Aristóteles.

Las acusaciones contra Aristóteles son esencialmente dos: ignoraba los fundamentos de la felicidad suprema y no conocía a

Cristo quien, por sí solo, constituye la verdadera sabiduría.[4] Del estagirita critica especialmente el uso que hacen de él los epígonos de su época, quienes desprecian al que para él es el príncipe de la filosofía griega: Platón.

Por su parte, la ciudad de Venecia representa para él la cuna de la decepción. Había imaginado –y así lo había escrito en la tercera de sus *Epístolas seniles*– que Venecia sería la ciudad en la que, alejado tanto de las instituciones académicas como de los círculos de poder político y económico, podría vivir en tranquilidad, rodeado de libertad y justicia. Esta ciudad, poderosa en fuerza pero más en virtud, le permitiría su trabajo de lectura, de escritura y de conversación que tanto le placía, pudiendo gozar del tiempo, el silencio y el recogimiento que permiten cultivar el pensamiento, siguiendo la máxima de Cicerón en las *Tusculanas* (V, 38, 111): «Docto uiro, uiuere est cogitare». Este final tan desagradable parece haberle entristecido sobremanera y de ahí que haga extensivo a la ciudad el reproche dirigido a sus cuatro delatores.

Por otro lado, para Petrarca la ciudad de Aviñón encarnaba la degradación moral de la Santa Sede y el destierro del sucesor de San Pedro. La situación se originó en 1309, cuando las amenazas de sus propios ciudadanos romanos forzaron a Clemente V a buscar refugio en territorio francés, específicamente en Aviñón, bajo el amparo de la monarquía francesa. El papado permanecería en esta ciudad hasta 1377. La aversión de Petrarca hacia Aviñón no obedecía a cuestiones de fe, sino a su convicción de que la curia papal se había convertido en un centro de poder corrompido, controlado por el clero francés. Para él, el resurgimiento de la antigua gloria romana exigía inevitablemente el retorno de la sede papal a la Ciudad Eterna.

---

[4] U. Dotti, *Vida de Petrarca*. Laterza, Bari, 1992, pp. 392-393

4. Ediciones y traducciones de *De sui ipsius et multorum igno-rantia* (por orden cronológico).

Bibliotheca Augustana: https://www.hs-augsburg.de/~harsch/Chro-nologia/Lspost14/Petrarca/pca_ign1.html.

Della propria ed altrui ignoranza. Trad. de G. Fracassetti. Gri-maldo, Venecia, 1858.

Le traité 'De sui ipsius et multorum ignorantia'. Trad. de L. M. Capelli. Champion, París,1906.

Sur sa propre ignorance et celle de beaucoup d'autres. Trad. de J. Bertrand. Félix Alcan, París, 1929.

L'ignoranza mia e di tanti altri (bilingüe). Trad. de A. Bufano. *Opere latine.* UTET, Turín, 1975.

La ignorancia del autor y la de muchos otros. Trad. de J. M. Tat-jer. *Obras, I. Prosa.* Alfaguara, Madrid, 1978.

Über seine und vieler anderer Unwissenheit (bilingüe). Trad. de K. Kubusch. Felix Meiner Verlag. Hamburgo, 1993.

Della mia ignoranza e di quella di molti altri (bilingüe). Trad. de E. Fenzi. Mursia, Milán, 1999.

Mon ignorance et celle de tant d'autres. Trad. de C. Carraud. Jé-rôme Millon, Grenoble, 2000.

On his own ignorance and that of many other. Trad. de D. Marsh. *Invectives.* Tatti Renaissance Library. Harvard University Press, Cambridge, 2003.

La meva ignorància i la de molts altres (bilingüe). Trad. de L. Cabré. Adesiara, Barcelona, 2010.

Sur sa propre ignorance et celle de beaucoup d'autres. Trad. de E. Wolff. Payot, París, 2020.

DE SU IGNORANCIA
Y LA DE MUCHOS

Jtalia ſcriptis viuit celeberrimus omni
Qui nunc Euganeo colle Petrarcha Jacet.

CARTA DEDICATORIA A DONATO DE LOS APENINOS[1]

Mi querido amigo, aquí tienes por fin el libro que te prometí. Es pequeño, pero de gran profundidad, pues aborda nada menos que un tema universal: la ignorancia, tanto la mía propia como la de los demás. Si hubiera podido trabajar más a fondo este tema, cincelándolo con mi agudeza y martillándolo con mi erudición, te aseguro que el librito habría crecido hasta convertirse en un volumen tan pesado como la carga de un camello. Y es que la ignorancia es un tema inagotable, especialmente cuando uno reflexiona sobre la propia.

Lo leerás como si me escucharas en aquellas conversaciones que manteníamos durante las noches de invierno, al calor de un fuego que me inspiraba a dar rienda suelta a mis pensamientos. En realidad, más que un libro, es una conversación plasmada en papel. De libro solo tiene el nombre, pues carece de las características propias del género: no es extenso, no sigue un orden establecido, carece de estilo formal y, sobre todo, de la seriedad académica habitual, ya que fue escrito apresuradamente durante un viaje imprevisto.[2] Aun así, prefiero llamarlo libro para que me lo agradezcas, pues, aunque el regalo sea modesto, el título es grandioso. Y como sé que este detalle te va a gustar, me he permitido esta pequeña artimaña. Este truco suele funcionar bien entre amigos: cuando enviamos unas pocas manzanas o algún manjar sencillo, lo presentamos en una bandeja de plata y lo envolvemos con un paño blanco. No aumentamos ni mejoramos el contenido, pero quien lo recibe se siente más honrado y quien lo envía, más digno. He hecho exactamente eso: envolver mi modesto trabajo de forma

---

[1] La carta dedicatoria forma parte de las cartas *Seniles* (13, 5) y aunque falta en el autógrafo vaticano, precede regularmente a las antiguas ediciones del *De ignorantia*. Donato de los Apeninos (*Apenninigena*) es el gramático Donato Albanzani (c. 1328-1411), nacido en Pratovecchio, en la Toscana, profesor de humanidades en Rávena y Venecia y gran amigo de Petrarca. Tradujo *De viris illustribus* al italiano. Fue tutor de Nicolás III en Ferrara, donde murió.

[2] Por el Po, de Venecia a Pavía, en mayo de 1367.

atractiva, y por ello lo he llamado 'libro', aunque bien podría haberlo titulado simplemente 'carta'. Y no creo que pierda tu aprecio por estar salpicado de borrones, añadidos y anotaciones al margen.[3] Y aunque a tus ojos estas imperfecciones pudieran restarle belleza formal al trabajo, ganarán en encanto para tu mente, ya que apreciarás en ellas el valor que doy a nuestra amistad y la confianza con que te escribo, despojándome de toda formalidad. Mis borrones y correcciones no son defectos, sino pequeños regalos tejidos con la complicidad de nuestra amistad, trazos íntimos que te confío con la libertad que solo concede el afecto verdadero.

Además, no podrás dudar de mi autoría, pues el manuscrito está escrito con aquella letra que tan bien conoces, deliberadamente deformada por las cicatrices, como recordándote aquello que escribió Suetonio Tranquilo sobre el emperador Nerón:

> Llegaron a mis manos algunas tablillas y libros pequeños con unos versos célebres escritos por su propia mano. Era evidente que no estaban copiados ni transcritos al dictado, sino que brotaban directamente de su pensamiento, como lo atestiguaban los numerosos tachones, borrones y correcciones.[4]

Eso escribió Suetonio y yo no escribo más por ahora.
Piensa en mí y cuídate.

Padua, a trece de enero,[5] en mi lecho del dolor,
a las 11 de la noche.

---

[3] El autógrafo que se encuentra ahora en la Staatsbibliothek de Berlín (MS Hamilton 493) muestra infinidad de apostillas y de adiciones marginales; incluso una vez fijado el texto en el códice vaticano, Petrarca continuó haciéndole correcciones.

[4] Suetonio, *Vida de los Césares: Nerón,* 52, 3.

[5] Según Rico (1978) hay que datarla en 1368. Marsh (2008) y Wolff (2020) lo hacen el 13 de enero de 1371. Por esta época Petrarca arrastraba problemas de salud. La expresión 'mi lecho del dolor' alude al *Salmo* 40 (41):3.

18

I

¿Es que no voy a poder descansar nunca? ¿Esta pluma estará condenada a permanecer siempre enredada en disputas? ¿No puedo permitirme un momento de pausa? ¿Tendré que responder a diario tanto a los elogios de mis amigos como a las disputas de mis rivales? ¿No encontraré un lugar o un instante donde pueda librarme de la envidia? ¿Ni siquiera el haber renunciado a casi todas las cosas por las que el género humano se afana y agita me proporcionará tranquilidad? ¿Ni siquiera el reposo ha traído alivio a mi cuerpo agotado y a mi espíritu cansado? ¡Qué largo se me hace el efecto de este veneno! Aquello que me sirvió de excusa para apartarme del gobierno de los asuntos públicos, una tarea que consideraba mi deber,[6] ahora me lo reclama esta molestia que, en el fondo, ni me atañe ni debería importarme.

Por fin había llegado, o al menos eso creía, el momento de adoptar un tono más sereno, más amable, más acorde con mi naturaleza y con los años que llevo a cuestas. Pido perdón a mis amigos, y a ti, lector, quienquiera que seas. Pero, sobre todo, a ti, mi queridísimo Donato, a quien dedico estas palabras. Perdóname. No hablo porque crea que deba hacerlo, sino porque me resulta imposible guardar silencio. Aunque la razón, con toda su dignidad, me exige callar, la indignación y un dolor legítimo arrancan estas palabras de lo más profundo de mi ser. Anhelo la paz con todo mi corazón, pero me veo arrastrado, una vez más, al conflicto. Contra mi voluntad, debo comparecer ante un tribunal que no sé si decir que está formado por amigos que tienen envidia o por envidiosos que son amigos míos.

---

[6] En Roma «la ley dispensa de la milicia a los cincuenta años; desde los sesenta, deja de citar a los senadores», según explica Séneca, *Sobre la brevedad de la vida*, 20, 4. La república de Venecia, a la que en ese momento servía Petrarca como diplomático, le obligó a retirarse a finales del 1360 por sus problemas de salud.

¡Qué cruel eres, rencor! ¿Existe algo que escape a tu dominio, cuando hasta los lazos más sagrados de la amistad sucumben ante tu poder? He afrontado numerosas adversidades, pero jamás había sido objeto de una perversidad tan insidiosa como esta, que me resulta especialmente difícil de sobrellevar por su malicia. Las contiendas contra enemigos declarados ennoblecen el espíritu; la ira tiene cierto deleite y la victoria, por supuesto, su dulzura. Pero cuando la contienda se libra entre amigos, tanto vencer como ser vencido resulta doloroso. Sin embargo, esta guerra no es contra amigos ni enemigos, sino contra la envidia misma. Este adversario no es nuevo, aunque su estrategia me haya tomado por sorpresa: combate con aljaba, dispara flechas y hiere desde la distancia. Me concede, eso sí, una ventaja: es ciego y, como lo ves aproximarse, resulta fácil esquivarlo. Al no apuntar con precisión, con frecuencia hiere a sus propios aliados.

Debo aplastar al monstruo, pero preservando la amistad. Ardua tarea es enfrentarse a dos seres entrelazados y, en el fragor de la batalla, dejar a uno ileso mientras se hiere al otro. Me recuerda a Julio César cuando, acorralado en un combate inesperado en Alejandría, arrastró consigo al rey Ptolomeo como escudo ante cualquier desenlace, determinado a no morir sin que él le acompañara en ese trance. Se dice que esta estrategia contribuyó significativamente a su supervivencia, pues mientras a uno lo aborrecían y al otro lo amaban, resultaba imposible decidir entre matar al primero y dejar ileso al segundo.[7]

Seguramente permanece vivo en tu memoria aquel día glorioso en que el reino de Persia se liberó de sus cadenas tiránicas, gracias a la brillante estrategia del sabio Hortanes y la valentía inquebrantable de siete guerreros. En medio de las sombras, Golfino, uno de los conspiradores, se había aferrado con determinación al cuerpo del tirano y, en un momento crucial, lanzó un desa-

---

[7] Julio César, *Comentarios sobre la guerra civil*, 3, 107, 11 y Lucano, *Farsalia*, 10, 458-464.

fío a sus compañeros: deberían atravesarlo a él junto con el tirano o, si dudaban en herirlo, el opresor escaparía.[8]

Ahora, la sagrada amistad me exige que, con la punta afilada de mi pluma, atraviese su costado para dar muerte a la insana envidia, a la que ella misma cobija en su seno entre injustos abrazos. Es tarea ardua distinguir en la oscuridad la naturaleza de las cosas cuando están tan entremezcladas. Pero aun así lo intentaré, para que, como sucedió con Gofiro, la amistad emerja incólume tras la muerte de su enemigo. De este modo, la maliciosa envidia será destruida y abatida para siempre, mientras la amistad permanecerá a salvo. Y si esta es verdadera –solo lo será si hay valor, ya que no puede ser de otro modo–,[9] al extinguirse la envidia la amistad perdurará; mas si aquella no es aniquilada, ambas seguirán coexistiendo.

II

Abordemos ya el asunto. Tan pronto comience a hablar –y si no me equivoco, incluso antes–, comprobarás que estás más familiarizado que yo con esta cuestión. Los amigos nos esforzamos más en preservar la reputación de quienes apreciamos que la nuestra propia;[10] nos indignamos con mayor facilidad y consideramos más grave la calumnia dirigida a nuestros amigos que la que nos atañe directamente. Se elogia a quienes pasan por alto los improperios contra su persona; sin embargo, nadie permanece impasible cuando presencia u oye ultrajes contra un amigo. No puede compararse la grandeza de espíritu de quien ignora las ofensas ajenas con la de aquel que perdona las propias.

¿Cómo podría yo pensar que no le das importancia a aquello cuya relevancia tú mismo me has hecho ver? ¿A eso que

---

[8] Justino, *Epítome de las Historias Filípicas,* 1, 9, 9-23. Valerio Maximo (*Hechos y dichos memorables*, 3, 2) cuenta algo similar hablando de Darío.

[9] Cicerón, *Sobre la amistad*, 6, 20.

[10] Ibid., 16, 57.

en ti provocaba dolor y en mí solo risa y mofa? Te hablaré de cosas que conoces bien, no para redundar en lo sabido, sino para mostrarte mi manera de enfrentar la envidia cuando soy su objetivo, y así animarte a que reacciones de igual modo: que no te aflijan más las puñaladas dirigidas a otros que las lanzadas contra ti mismo. También quiero que conozcas las armas que empleo contra ella, y cómo, tras un esfuerzo ingrato y la necesaria adaptación, he logrado volverme sordo y resistente ante sus ataques.

Suelen venir a visitarme cuatro amigos, cuyos nombres no voy a mencionar por dos razones: una, porque ya se sabe quiénes son;[11] y otra, porque la amistad se rige por leyes que son sagradas, entre las cuales que no se mencione el nombre de los amigos cuando se habla mal de ellos. Bien es verdad que esta última ley no siempre se respeta. Es frecuente que vengan de dos en dos, no sé si por coincidencia o porque se ponen de acuerdo, ya que a veces se presentan todos juntos. Tanto su aspecto como su modo de hablar son sumamente correctos, y quiero pensar que su intención también es buena. Digo esto porque, en ocasiones, tengo la impresión de que, por alguna rendija inoportuna, a esas almas puras, aunque dignas de mejores huéspedes, se les escapa un cierto resquemor. Uno no se imagina que la envidia les ocupe la cabeza, pero así es y ojalá no lo fuera. Pues aun sabiendo, como sé, que se interesan por mi salud y mi felicidad, que me aprecian y por eso acuden a mí, e incluso diría que me valoran, que se esfuerzan en ser corteses conmigo, que son condescendientes y generosos, ¡es increíble, pero no puedo dejar de sospechar que me tienen envidia! ¡Qué cosa es la naturaleza humana, tan llena de miserias manifiestas y ocultas!

¿Y por qué me envidian? Me lo pregunto constantemente. Desde luego, no es por mi riqueza, pues sé con certeza que la suya me supera con creces, tanto como «la ballena británica a los delfines», como dice el poeta.[12] Además, me consta que conocen

---

[11] Vid. nota 3 de la Introducción.
[12] Juvenal, *Sátiras,* 10, 12-14.

de sobra la escasez de mis recursos y que incluso desearían verlos mejorar. Han comprobado que, aunque mis bienes son limitados, los comparto sin reservas. Soy generoso sin ostentación y disfruto con serenidad de lo poco que poseo. No alcanzo a comprender qué puede inquietarles en todo esto. Tampoco creo que me envidien por mis amistades, ya que la muerte me ha arrebatado muchas, y las que aún viven son también suyas, como lo son mis demás bienes. En cuanto a mi físico, no lo considero envidiable. Tal vez lo fue en mi juventud, pero el tiempo lo ha ido deteriorando. Sin embargo, gracias a Dios, que me protege y auxilia, aún me conservo bien. En todo caso, si alguien deseara tener una figura como la mía, ¿sería capaz de olvidar aquella frase que me marcó desde niño: «La belleza se acaba»,[13] o el sabio proverbio del libro de Salomón:[14] «Engañosa es la gracia, fugaz la hermosura»?[15] En definitiva, resulta incomprensible que alguien pueda envidiarme por aquello que no poseo, por lo que nunca valoré cuando lo tuve, o por lo que, aun pudiendo obtenerlo ahora, rechazaría tras comprobar su absoluta futilidad y fugacidad.

Y ya solo me queda pensar que podrían envidiarme por mi sabiduría y mi facilidad de palabra. Pero el caso es que, aunque me duela, me consta que no creen que posea la primera. Y en lo que respecta a la segunda, la verdad es que hoy se desprecia la elocuencia como si fuera una cualidad impropia de un hombre culto. Es más, en la actualidad solo se valora al filósofo que se expresa con torpeza, que balbucea ideas inconexas y que, como dice Cicerón,[16] parece que se es más sabio cuando uno suspira o mueve de forma extraña las cejas. Se olvidan de que Platón era sumamente elocuente y de que Aristóteles, por mencionar un ejemplo, era afable y sencillo. De hecho, son estos mismos críticos quienes

---

[13] Ovidio, *Arte de amar,* 2, 113.
[14] Se cita la Biblia por la versión oficial de la Conferencia Episcopal Española.
[15] *Proverbios* 31:30.
[16] Cicerón, *Sobre el orador,* 2, 33, 144.

han propagado la idea de que era un pensador enigmático.[17] Con tal criterio, se distancian y siguen un camino opuesto al de su propio líder, argumentando que la elocuencia constituye un obstáculo y es una lacra para la filosofía. Sin embargo, Aristóteles mantenía una postura radicalmente diferente: consideraba la elocuencia un ornamento sublime y dedicó importantes esfuerzos a vincularla con la filosofía, motivado, según dicen, por el reconocimiento alcanzado por el orador Isócrates.[18]

Finalmente, no creo que me envidien por mi virtud. ¡Ojalá fuera así, pues sin duda la virtud es la cualidad más excelente y digna de admiración! Pero justo para ellos no lo es –o al menos así lo percibo–, porque no puede haber virtud cuando hay orgullo y altivez. La desearía con fervor, y estoy seguro de que me la atribuirían de buena gana y por unanimidad. De hecho, aunque probablemente me negarían el favor más insignificante, me obsequian este don más preciado como si se tratara de algo completamente banal e intrascendente. Me describen como un hombre bueno, más aún, como un hombre virtuosísimo. ¡Ojalá ante los ojos de Dios no sea yo malo o malísimo! Al mismo tiempo, me tildan de ignorante y, sin tapujos, de mentecato. Esta descripción contradice abiertamente el juicio ya consolidado por hombres reconocidos por su prudencia y sensatez. Sin embargo, no me detendré a desentrañar la verdad o falsedad de tales afirmaciones. Me basta con que, al margen de lo que añadan o sustraigan de mi persona, se ciñan a la verdad. Con verdadero placer compartiría con ellos la herencia común de la madre naturaleza y la gracia celestial. Una herencia en la que a ellos les correspondiera la cultura, y a mí la bondad, con la única condición de que me aseguraran que la escasa –o casi inexistente– cultura que me tocara sería suficiente para tributar cada día un sincero elogio a Dios.

Temo que ni mi humilde deseo ni su altiva opinión traspasen los límites de un mero pensamiento. Esta misma gente pre-

---

[17] Crítica frecuente, no a la filosofía de Aristóteles, sino a sus traductores.
[18] Cicerón, *op. cit.*, 1, 2 y *Tusculanas,* 1, 4, 7; Aristóteles *Tópicos*, 1, 2.

gona que soy un hombre de trato afable, de costumbres intachables y leal amigo. Y en esto no yerran. Cultivan mi amistad no por mi talento, habilidad o sabiduría, ni porque haya consagrado mi atención a las artes liberales, o porque esperen escuchar o aprender de mí verdad alguna. Se reproduce literalmente lo que Agustín refiere sobre Ambrosio: «Le tomé afecto», dice, «no porque me condujera por el sendero de la verdad, sino porque su trato me reconfortaba profundamente».[19] Algo parecido sucede con Cicerón y Epicuro: mientras el primero elogia en múltiples pasajes el carácter y las costumbres del segundo, no deja de reprobar de manera sistemática sus ideas y doctrinas.[20]

He aquí la verdad: ignoro la razón de su envidia, pero no me cabe la menor duda de que existe, pues ni siquiera se molestan en ocultarla ni reprimen su lengua cuando se les provoca. Y eso que se trata de individuos que habitualmente no son propensos a reacciones extemporáneas o impertinentes. ¿No es acaso este un signo evidente de un sentimiento incontrolable? Si me envidian, como así parece, resulta meridiano que lo hacen porque llevan en su interior un veneno que estalla por sí solo.

Lo que envidian es, precisamente, lo que considero más ridículo e intrascendente: mi prestigio, un reconocimiento del que, en verdad, muy pocos disfrutan en los últimos compases de su vida. Lo que más les atormenta es que esta popularidad no me haya llegado por méritos propios ni por mis buenas acciones. En eso han clavado su mirada retorcida. ¡Ojalá pudiera librarme de semejante carga en este instante y para siempre! Pues resulta más agobiante que útil: a pesar de haberme procurado algunos amigos, son muchos más los enemigos que me ha deparado. Me ha sucedido lo que acontece a quienes entran en combate con un escudo reluciente, pero con escaso vigor: la única ventaja que les proporciona el brillo del yelmo es que se les identifica como presas con mayor facilidad.

---

[19] San Agustín, *Confesiones,* 5, 13, 23.
[20] Cicerón, *Sobre el verdadero y el falso bien,* 2, 30, 96-98.

Esta plaga me ha acompañado desde mis años mozos, mas nunca había sido tan insoportable como ahora. Mi debilidad actual me impide hacerle frente, y lo que resulta más hiriente es que ni la merezco ni la vi venir. Renace súbitamente justo cuando parecía haber sido definitivamente vencida por el paso del tiempo y curada por la integridad de mis costumbres.

Y aún hay más. Estos individuos se consideran importantes y, sin duda, son poderosos; y el poder es el único valor que los seres humanos de hoy reconocen. Les resulta humillante pensar que, a pesar de todo, su reputación no alcanza la altura de su posición (algo que no es cierto) y que, si las cosas continúan su curso actual, parece que nunca lo hará. Se remueven inquietos por esta preocupación, y la fuerza de su maldad es tan destructiva que se lanzan como perros rabiosos contra sus propios amigos: escupen veneno, clavan los dientes y hieren precisamente a quienes dicen apreciar. ¿Cómo pueden estar tan ciegos? ¿Hasta dónde les llevará su enfado? ¿No se acuerdan de que Penteo[21] fue despedazado por su propia madre y de que Heracles,[22] en un arrebato de locura, destruyó a sus propios hijos recién nacidos? En cuanto a mí, me quieren y aprecian todo lo que tengo, salvo mi prestigio. Y estoy tan dispuesto a preservar esta amistad desinteresada que incluso renunciaría a mi reputación, rebajándola al nivel de la de Tersites[23] o la de Quérilo,[24] o de cualquiera que ellos prefieran, con tal de no permitir que una fisura dañe nuestra estrecha relación.

Su amargura los consume y su ciega vehemencia estalla, precisamente porque se consideran grandes eruditos y estudiosos

---

[21] Penteo se opuso a que se introdujese el culto de Dionisio en Tebas. Por ello fue descuartizado por su propia madre cuando estaba en pleno éxtasis dionisíaco. Es el tema de la tragedia *Las bacantes*, de Eurípides.

[22] En pleno acceso de locura, Heracles mató a sus propios hijos. Es el tema de la tragedia de Eurípides, *Heracles furioso*.

[23] Homero (*Ilíada* 2, 214) lo describe como un hombre malvado, cobarde y repulsivo, aparte de físicamente deforme.

[24] Horacio (*Epístolas,* 2, 1, 232-234) se refiere a él como un ejemplo de poeta mediocre y despreciable.

meticulosos. Estudian, sí, pero (y no te digo nada que no sepas ya) el primero carece por completo de cultura, el segundo posee muy poca, el tercero apenas un atisbo,[25] y el cuarto[26] –hay que reconocerlo– tiene una comprensión tan difusa y distorsionada que, como sabiamente señaló Cicerón,[27] sería mejor para él permanecer en la ignorancia.

Para muchos, la literatura se ha convertido en un medio de extravío intelectual, y para la mayoría representa el terreno perfecto para cultivar su propia arrogancia. Solo cuando la instrucción alcanza a espíritus nobles y bien dispuestos se produce una verdadera excepción a esta regla.

El último individuo al que nos hemos referido sabe mucho de animales salvajes, de pájaros y de peces. Conoce cuántos pelos hay en la melena de un león,[28] cuántas plumas tiene el gavilán en la cola[29] o con cuántas vueltas sujeta un pulpo[30] al náufrago; sabe que los elefantes se aparean por la espalda y que su gestación dura dos años, que son animales sumisos y sagaces, con una inteligencia que se acerca a la de los humanos y que pueden llegar a vivir dos o tres siglos;[31] que el fénix se extingue en un fuego de madera aromática para renacer de sus propias cenizas;[32] que un erizo es capaz de detener un barco a cualquier velocidad, pero que

---

[25] Respectivamente serían Leonardo Dandolo, Tommaso Talenti y Zaccaria Contarini, como hemos hecho referencia anteriormente.

[26] Giovanni da Bagnoli, el médico cuyo conocimiento de la naturaleza le resulta ridículo a Petrarca.

[27] Parece referirse a *Tusculanas,* 2, 4, 12: «No hay nada tan difícil que no pueda ser investigado buscando, si no fácilmente, al menos alguna vez; o si no completamente, al menos algo; o si nada completamente, al menos ciertamente cómo nada puede ser conocido».

[28] Cf. Plinio el Viejo [en adelante, Plinio], *Historia natural,* 11, 99, 2 y Vincent de Beauvais, *Espejo mayor,* 19, 66-75.

[29] Plinio, 10, 79, 6 y Beauvais, 16, 8, 18.

[30] Plinio, 9, 48 y Beauvais, 17, 123-26.

[31] Isidoro de Sevilla, *Etimologías,* 13, 2, 16, citado por Beauvais, 19.44. Sobre su inteligencia y años de vida, cf. Plinio, 8, 10, 1 y Beauvais, 19, 39-40.

[32] *Etimologías,* 12, 7, 22 y Beauvais, 16, 74.

pierde toda resistencia cuando se le saca del agua;[33] que el cazador burla al tigre con un espejo,[34] que los Arimaspos[35] lanzan arpones a los grifos, que los cetáceos engañan a los navegantes con su espalda,[36] que el parto de la osa es deforme,[37] el de la mula infrecuente[38] y que las víboras solo dan a luz a una cría,[39] que los topos son ciegos,[40] las abejas sordas[41] y, finalmente, que el cocodrilo es el único animal que mueve solo la mandíbula superior.[42]

La mayoría de estos datos son falsos,[43] como se evidencia al traer los animales mencionados a esta parte del mundo. Y aunque no siempre sean imaginarios, lo cierto es que quienes hablan de ellos no los han visto personalmente, y cuando algo no se conoce de primera mano, las afirmaciones no pasan de ser meras creencias o simples inventos. Además, aun cuando todo lo que exponen fuera absolutamente cierto, este tipo de conocimiento carece de toda relación con la felicidad. Porque, ¿de qué sirve conocer tantos detalles sobre la naturaleza de bestias, aves, peces o serpientes, si ignoramos o menospreciamos el estudio de la natura-

---

[33] Plinio, 9, 51, 4 y Beauvais, 17, 49.

[34] Beauvais, 19, 112.

[35] Cada uno de los pobladores fabulosos de una región asiática, que tenían solamente un ojo y luchaban con los grifos para arrebatarles las riquezas de que estos eran guardadores. Cf. Plinio, 7, 2, 2 y Beauvais 16, 9.

[36] *Etimologías*, 12, 6, 8 y Beauvais 16, 41.

[37] Plinio, 8, 54, 1 y *Etimologías*, 12, 2, 22.

[38] Plinio, 8, 69 y Beauvais, 18, 63, 65.

[39] Plinio, 10, 82, 2, *Etimologías*, 12, 4, 10-11 y Beauvais 20, 50.

[40] *Etimologías*, 12, 3, 5 y Beauvais, 19, 137.

[41] Beauvais, 20, 75.

[42] Beauvais, 17, 106.

[43] Rico (1978) comenta que estas informaciones proceden de Aristóteles y de Plinio, y que fueron divulgadas por los compiladores medievales. Las referencias recogidas en las notas anteriores están tomadas de la edición de Marsh (2008).

leza humana, si no nos interesa comprender para qué hemos nacido y hacia dónde nos dirigimos?[44]

Estos y algunos otros eran los asuntos que solía discutir con aquellos escribas que se consideraban expertos, no en la ley mosaica ni en la cristiana, sino en la aristotélica. Me expresaba con una libertad que desafiaba su habitual circunspección, quizá con la ingenuidad propia de quien habla entre amigos sin temor a manifestar su opinión real. Inicialmente, mi manera de hablar les provocó asombro y, después, una profunda irritación. Como mis palabras se apartaban de las normas establecidas, conspiraron para urdir una acusación que no iba dirigida directamente contra mi persona –que apreciaban–, sino contra mi reputación, con la intención de desacreditarme por supuesta ignorancia. ¡Ojalá hubieran convocado a otros jueces! Tal vez entonces se habría cuestionado el veredicto. Sin embargo, se limitaron a estar los cuatro, los suficientes para garantizar un dictamen unánime y concorde. Concibieron los cargos contra mí en mi ausencia, privándome de toda posibilidad de defensa. Debatían cada punto no por discrepancias reales –pues pensaban exactamente lo mismo–, sino simulando un juicio donde las alegaciones y refutaciones pudieran dar una apariencia de rigor y fundamentación al veredicto final.

Lo primero que expusieron era que mi popularidad jugaba a mi favor, aunque objetaron acertadamente que no era un criterio de credibilidad, pues la opinión del vulgo nunca constituye un argumento sólido. En eso no se equivocaban. Seguidamente, argumentaron que entre mis amigos figuraban hombres doctísimos e importantísimos, gracias a los cuales llevaba una vida distinguida –eso se lo agradezco a Dios–, y que esta circunstancia podría obstaculizar su veredicto. Es cierto que mantengo excelentes relaciones con diversos reyes, muy especialmente con Roberto

---

[44] Según Rico (1978), otro tanto se lee en el *Secretum*, 2 y en *Familiares* 4, 1. Marsh (2008) comenta que Petrarca se hace eco en este pasaje de la obra de San Jerónimo, *Apología contra Rufino*, 3, 28.

de Sicilia,[45] quien me había distinguido ya en mi juventud, dando muestras abundantes y manifiestas de que valoraba mi sabiduría e inteligencia. A esto respondieron –y aquí es donde revelan su verdadera maldad y vanidad– que no les constaba que dicho rey fuera un hombre particularmente letrado, y que los demás, aun siendo cultos, habían formado un juicio sobre mí poco perspicaz, bien porque me apreciaban o bien porque no habían indagado más allá.

Después presentaron otro argumento en mi defensa: los tres últimos pontífices romanos[46] habían cultivado mi amistad con singular entusiasmo, procurando atraerme a su círculo más cercano. El papa vigente, Urbano,[47] solía referirse a mí con palabras elogiosas y me distinguía mediante cartas singularmente amables y cordiales. Y, además, el emperador actual de Roma[48]–el único príncipe legítimo– me trata como a un familiar querido y con frecuencia casi diaria me requiere en la corte, mandándome cartas y mensajes. Todo esto lo conocen y no lo ponen en duda. Por todo ello creen que alguien podría considerar este argumento de cierto valor. Sin embargo, para desacreditar tal testimonio objetan que los pontífices se han dejado guiar por mi fama, como los demás, y se han formado esa opinión porque mis costumbres son intachables, pero no por mi cultura; y que la amistad del príncipe se debe a su afición por el estudio de la historia y de las hazañas pasadas, en lo cual reconocen que soy experto.

---

[45] Roberto de Anjou, también conocido como Roberto de Sicilia o Roberto II, fue rey de Nápoles desde 1309 hasta 1343. Era un monarca culto, protector de las artes y las letras, perteneciente a la dinastía angevina. Fue uno de los principales mecenas de Petrarca, quien lo consideraba un amigo y consejero. En 1341, Roberto fue quien sugirió y apoyó que Petrarca fuera coronado poeta en el Capitolio de Roma, un evento crucial en la carrera del escritor. Además, le brindó protección y reconocimiento en la corte napolitana.

[46] Benedicto XII (1335-1342), Clemente VI (1342-1352), Inocencio VI (1352-1362).

[47] Urbano V (1362-1370), al que Petrarca escribió urgiéndole a que retornase la sede del papado a Roma. Cf. S*eniles*, 9, 1 (1368).

[48] Carlos IV de Luxemburgo (1316-1378), coronado emperador en 1355.

Además de esto, en mi contra adujeron mi elocuencia, algo de lo que yo (Dios lo sabe) no me vanaglorio; ellos, en cambio, me ven como alguien con eficaces dotes de persuasión, porque, aunque la tarea del retórico o del orador sea hablar del modo más persuasivo para conseguir su propósito, hay que decir que con un buen discurso se puede forzar la opinión de muchos ignorantes, lo que es en sí mismo un arte, pero lo atribuyen al mero azar, alegando ese dicho tan conocido: «Mucho de elocuencia y poco de sabiduría»,[49] desdeñando la definición de la oratoria que da Catón,[50] de signo totalmente contrario a esa afirmación tan falsa.

Lo último que denigraron fue mi forma de escribir, a la cual no se atrevían ni a despreciar ni a elogiar porque, aunque elegante y magnífica, aseguraban que no revelaba ningún conocimiento. Cómo pueden coexistir dos características tan contradictorias, yo no lo entiendo y ellos tampoco; y pienso que, si recuperasen la cordura y reflexionasen sobre lo que han dicho, se avergonzarían por semejante desatino. Pues si su primera afirmación fuese cierta –lo cual no creo ni me interesa evaluar–, la segunda resultaría sin duda falsa. ¿Cómo podría ser excelente el estilo de una persona ignorante si ellos, que se consideran ignorantes, carecen por completo de estilo? ¿Hemos de abandonarlo todo al azar y renunciar a toda posibilidad de razonamiento?

Y, ¿qué quieres que te diga? ¿En qué estás pensando? Creo que aguardas el veredicto de estos jueces. Pues bien, examinadas todas las alegaciones e invocando a no sé qué dios –puesto que no existe uno que ampare la iniquidad, ni que juzgue la envi-

---

[49] Salustio, *La conjuración de Catilina,* 5, 4.

[50] Catón el Viejo (234-149 a.C.) fue conocido por su dominio de la oratoria y su ideal del «*vir bonus dicendi peritus*» (el hombre bueno, experto en el hablar). Cicerón recoge esta frase en *Sobre el orador*, donde se describe al orador ideal no solo como alguien hábil con las palabras, sino como una persona dotada de integridad moral. Catón creía que un verdadero orador debía usar el lenguaje para defender la verdad y el bien común. La expresión la recoge Séneca el Retórico en el prólogo de sus *Controversias* (I, 9, 29) y la desarrolla también Quintiliano en *Instituciones oratorias*, 12, 1, 1.

dia y la ignorancia, esa nube gemela que oscurece la verdad–, sacaron esta conclusión breve y definitiva: que soy un hombre íntegro, pero inculto. ¡Quizá sea esta la única verdad que han dicho y dirán! Y, oh Jesús, vida y salvación nuestra, Dios verdadero, de quien emana toda cultura y sabiduría, rey de la gloria verdadera y señor de la virtud, ahora de rodillas, con el alma rendida y suplicante, te imploro que, si no me concedes fuerzas para lograr otras cosas, al menos me otorgues las necesarias para ser una buena persona. Y eso solo podré alcanzarlo si te amo profundamente y te rindo un culto piadoso. He nacido para esto, no para las letras, que, si se unen al sol, lo inflaman y lo destruyen, pero no lo construyen.[51] No son más que cadenas brillantes, una ocupación extenuante y un peso ensordecedor para el alma.

Tú conoces, Señor, la naturaleza íntima de mis anhelos y la profundidad de cada suspiro que brota de mi alma. Sabes que he empleado las letras –siempre con prudente mesura– como mero instrumento al servicio del bien. No comparto la convicción de Aristóteles[52] ni de tantos otros que atribuyen a las letras el poder de regir la conducta humana, potestad que solo a Ti pertenece. En mi caminar, contemplé las letras como una luz que podría hacer más virtuoso mi sendero, más diáfano y, al mismo tiempo, más dichoso. Mas en toda circunstancia has sido Tú, y nadie más, mi faro y guía verdadero. Tú lo sabes, porque conoces lo que acontece en nuestras entrañas y nuestro interior.[53] Ni siquiera cuando era joven y ansiaba la gloria –cosa que no niego– preferí ser docto por encima de ser bueno. Elegí, me temo, ambas cosas, pues la ambición humana es infinita e inabarcable, hasta que halla descanso en Ti. No hay nada que supere la paz que solo tú proporcionas. Deseaba ser ambas cosas, pero como me negaron la última, debo agradecer a estos jueces que me dejaran la mejor. Siempre que no

---

[51] Eco de I *Corintios* (8:1), «Cientia inflat, caritas vero aedificat»: el conocimiento engríe, el amor edifica; aquí: «Si sole obvenerint inflant diruuntque, non edificant».

[52] Aristóteles, *Ética a Nicómaco*, 2, 2 (1103b).

[53] Referencia al Salmo 7:10 («Tú que sondeas el corazón y las entrañas»).

mientan, lo cierto es que me quitaron lo que ellos querían que tuviera y me dejaron precisamente lo que yo prefería. Me disponía a consolarme de mi pérdida, pero con tan vano consuelo, me acosaron como mujeres envidiosas que, al enterarse de que una vecina es hermosa, la colman de elogios falsos. Dicen de ella que es virtuosa y de buenas costumbres, y le otorgan todo tipo de concesiones, aunque sean falsedades, con tal de no reconocer lo evidente: su verdadera belleza.

A Ti, mi Señor y Dios, fuente suprema de toda sabiduría, sin quien nada existiría, a quien elevo por encima de Aristóteles y de todos los filósofos y poetas que, «vanagloriándose de su elocuencia sublime»,[54] persiguen la vanidad por encima de cualquier propósito verdaderamente educativo o intelectual;[55] a Ti te imploro que, si tal es tu voluntad, confirmes con verdad el título de 'hombre bueno' que ellos me conceden. No aspiro a un nombre tan excelso que pudiera compararse con aquel que el rey Salomón prefería a los ungüentos más preciosos.[56] Y solo pido eso: ser bueno para ser digno de amarte y merecer ser amado por ti, porque nadie devuelve tanto bien a los que le aman como Tú. Te lo pido para poder pensar en Ti, para esperar en Ti y para hablar de Ti. «Que se vayan de mi boca las palabras viejas y que mis pensamientos se dirijan a Ti. Pues el arco de los fuertes, sin duda, ha sido superado y los débiles se han hecho fuertes».[57] Es mucho más feliz alguien que, siendo débil, cree en Ti que Platón, Aristóteles, Varrón o Cicerón, quienes, con toda su sabiduría, no te co-

---

[54] I *Reyes* 2:2-3.

[55] I *Samuel* 2:3-4. Es el cántico de Ana, un salmo de alabanza a Dios por su acción salvífica sobre el pueblo.

[56] *Eclesiastés* 7:1 («Más vale buena fama que buen perfume, y el día de la muerte que el del nacimiento»).

[57] *Salmos* 140:6-7 («Los soberbios me esconden trampas y los perversos me tienden una red y por el camino me colocan lazos. Pero yo digo al Señor: 'tú eres mi Dios. Señor, atiende a mis gritos de socorro'») y I *Corintios* 10:4 («y todos bebieron la misma bebida espiritual, pues bebían de la roca espiritual que los seguía; y la roca era Cristo»).

nocieron y que, «cuando fueron comparados contigo, que eres la piedra, resultaron insulsos, y quedó patente su culta ignorancia».[58]

Que la cultura sea patrimonio de quienes me la han arrebatado; o, si no puede pertenecerles, como me temo, que pase a posesión de aquellos capaces de apreciarla verdaderamente. Que ellos sigan sobreestimando sus propias capacidades y las cinco sílabas del nombre de Aristóteles, que tantos ignorantes se deleitan al pronunciar creyendo que con ello demuestran erudición. Por lo demás, que guarden para sí su alegría simplista, su arrogancia infundada y su inminente fracaso, junto con los frutos que ingenuamente creen cosechar de sus propios errores por pura torpeza y vanidad. Yo me quedo con lo que me toca, que es lo que se refiere a Dios y a la virtud no académica por la que ellos no sienten envidia. Me refugio en la humildad, consciente de mi ignorancia y fragilidad. No siento desprecio por nada, salvo por el mundo, por mí mismo y por la insolencia de quienes me condenan, sembrando dudas acerca de mi persona. Confío en Ti y desconfío de mí. Deseo que me correspondan Dios y la virtud sin letras por la que ellos no sienten envidia. Se reirán al oír esto y dirán que hablo como una anciana inculta y piadosa. Para estos eruditos engreídos, nada es más despreciable que la piedad, tan apreciada por los verdaderos sabios y los simplemente letrados. Por ellos se dijo, ciertamente, que «la piedad es sabiduría».[59] Imagino que mi discurso confirmará su opinión de que soy un buen hombre, pero inculto.

III

¿Qué te voy a decir, mi fiel Donato? Me dirijo a ti, que sientes más profundamente que yo el aguijón de este veneno. ¿Qué hacemos? Te lo pregunto a ti, que eres mi amigo. ¿Debemos apelar a

---

[58] Rico detecta aquí una referencia a San Agustín, *Epístolas,* 130, 15, 28.

[59] *Job* 28:28 («Entonces dijo al ser humano: temer al Señor es sabiduría, apartarse del mal es prudencia»). Pasaje divulgado por la alusión de San Agustín en *La ciudad de Dios*, 14, 28.

un tribunal más justo o guardar silencio, ratificando así su sentencia? Yo es lo que haría. No me importa esperar hasta el día décimo[60] y acatar el veredicto, sea cual sea. Te pido a ti y a los demás, a los que sostenían una opinión diferente, que, por solidaridad, acepten este juicio con paciencia y lo consideren verdadero. Ojalá fuera cierto lo que me atribuyen. En cuanto a aquello de lo que me privan, me temo que sus críticas apenas rozan la superficie de mis verdaderos defectos, y no tengo reparo en reconocer que podría haber verdad en sus palabras, aunque ciertamente no los considero los más capacitados para erigirse como jueces de mi persona. A no ser que quieran fundamentar su opinión en quien consideran su dios, Aristóteles, que dijo: «Cada cual juzga bien aquello que conoce y en eso es un buen juez».[61] Según esto, podría parecer que quien mejor juzga es quien más conoce el tema y, por eso, los hombres más ignorantes serían los más capacitados para hablar de la ignorancia de los demás. Sin embargo, no es así. Sobre la ignorancia, la sabiduría o cualquier otra materia, el sabio está más capacitado para emitir un juicio. Aunque es cierto que quienes juzgan sobre música deben ser músicos, y los gramáticos son los más idóneos para hablar de gramática, paradójicamente parecería que deberían ser los ignorantes quienes más entiendan de ignorancia. Sin embargo, a veces la abundancia implica pobreza, y muchas cosas pueden ser mejor juzgadas por cualquier juez que por quienes tienen recursos a su disposición. Nadie es más ciego ante la fealdad que el feo, pues se ha acostumbrado tanto a ella que no se imagina lo repulsivo que puede resultar para una persona hermosa. Lo mismo sucede con todos los demás defectos: nadie juzga peor la ignorancia ajena que el propio ignorante.

Y esto no lo digo para eludir el juicio, sino para que se avergüencen, si es que conocen este sentimiento, quienes juzgan

---

[60] Según Justiniano (*Nuevas constituciones,* 23, 1, 37), el reo tenía diez días para apelar el veredicto.
[61] *Ética a Nicómaco,* I, 1-3 (1094b). Petrarca no sabía griego y usa la traducción latina de Robert Grosseteste.

sin tener datos. Acogeré con serenidad tanto el veredicto amistoso que ha dictado la envidia como el hostil que inspira el odio. Pues, si me quieren incluir entre los ignorantes, no hacen más que coincidir con mi propia opinión, ya que soy el primero en reconocer en silencio cuánto me falta por aprender para satisfacer mi deseo de saber y me aflijo por ello. Pero me consuela saber que la imperfección formará parte de nuestra limitada naturaleza humana[62] mientras transcurre este exilio de la vida mortal. Me imagino que esto es algo que le pasa a cualquier hombre inteligente, bueno y sencillo: que aprende a conocerse a sí mismo y se consuela porque sabe por qué está tan limitado. Los que han estudiado mucho se dan cuenta de que saben poco, porque lo que pensaban que era un conocimiento amplio, cuando lo comparan con la realidad, ven en qué reducido espacio se encierra.

Por otra parte, me cuestiono cuál es la extensión y calidad de la capacidad de conocer que nos ha sido otorgada. Cuán poco vale el saber humano, sea el que sea, no ya comparado con la ciencia de Dios, sino incluso con la propia ignorancia. Me atrevo a afirmar que el conocimiento de sí mismo, el valor dado a las propias imperfecciones y el consuelo mencionado son mejor comprendidos por los más sabios e inteligentes. ¡Qué felices, sin embargo, se sienten mis jueces cuando se equivocan, pues ellos no necesitan el consuelo de la autocrítica! Se vanaglorian de su error e ignorancia, creyéndose que están al nivel de la sabiduría angélica, cuando en realidad ni siquiera han alcanzado la cumbre del conocimiento humano. A algunos les falta no ya poco, sino todo.

Retorno a mi asunto. ¡Ah, amigo! ¿A qué pesares no nos arrastra una vida prolongada? ¿Quién ha gozado de una dicha tan inquebrantable que no se haya transformado con el tiempo o marchitado con los años? Los seres humanos se deterioran: su fortuna, su reputación, toda su esencia mortal se desvanece inexorablemente. Incluso nuestra faceta inmortal, el espíritu, se debilita más

---

[62] I *Corintios* 13:9 («porque conocemos imperfectamente e imperfectamente profetizamos»).

allá de lo concebible, validando las palabras del filósofo cordobés: «Una vida demasiado larga consume hasta los espíritus más sublimes».[63] Esto no implica que el ocaso del espíritu conduzca a su extinción, sino que culmina en su separación del cuerpo –esa disociación que percibimos y que el vulgo llama muerte, cuando en realidad es solo el fin de lo corpóreo, no del alma.

Mi alma ha envejecido y perdido su fuerza. Ahora, como anciano, padezco lo que escribí en mi juventud en un poema bucólico: «¿Qué aporta al hombre una larga vida?».[64] ¡Con qué ánimo habría recibido estos ataques años atrás! ¡Con qué vigor me habría enfrentado a ellos! Habría estallado una guerra entre mi ignorancia y la suya. Pero atacarme ahora, siendo ya un viejo, resulta mucho más vergonzoso porque su victoria es más segura. Ya no hay defensa posible. Me rindo, y mi ignorancia cede ante la suya.

Como si hubiera presagiado lo que me esperaba, siempre leí con cierta simpatía la historia de Laberio.[65] Este fue un respetado caballero romano al que, a sus sesenta años, Julio César, con tono adulador y suplicante (algo que al provenir de un gobernante era un arma poderosa), le pidió que se subiera a un escenario. Pasó de ser un caballero romano a convertirse en un actor de mimos, lo cual era considerado deshonroso para alguien de su rango. El caballero no soportó esta injuria en silencio y, entre otras quejas,

---

[63] Lucano, *Farsalia,* 8, 27-28.

[64] Petrarca, *Cantos bucólicos,* 9, 38-39 (escritos en 1348).

[65] Decimus Laberius (*c.* 106-43 a.C.) fue un importante *equites* romano y escritor de mimos. Es conocido por haber sido obligado por Julio César a actuar en una de sus propias obras y a competir con su rival, Publilio Siro, lo cual era considerado deshonroso para un miembro del orden ecuestre. En esta actuación, Laberio pronunció un famoso prólogo en el que lamentaba la pérdida de su dignidad, pero también criticaba sutilmente a César. A pesar de la humillación, César le devolvió su rango de caballero tras la actuación y le concedió un anillo de oro. Laberio fue conocido por su ingenio mordaz y su habilidad para la sátira social y política. Aunque la mayoría de sus obras se han perdido, han sobrevivido pasajes suyos en los escritos de otros autores romanos.

dijo: «He pasado dos veces treinta años de mi vida siendo un militar impecable y hoy volveré a mi casa siendo un actor. Sin duda he vivido un día más de la cuenta».[66] Yo, ciertamente –y contigo puedo presumir–, nunca he sido realmente un sabio, pero alguna vez he tenido prestigio y he dedicado al estudio toda mi vida desde que salí de mi casa siendo aún niño, hasta cuando he vuelto en la vejez. Cuando estaba sano, no cesaba de trabajar: no pasaba un día sin leer, escribir o reflexionar sobre lo que escribía. He asistido a lecturas públicas y he cuestionado a aquellos que permanecían en silencio. No solo me he enriquecido tratando con hombres sabios, sino que también he visitado ciudades ilustres para cultivarme y convertirme en mejor persona. Fui a Montpellier, cercana a la ciudad de mi infancia; después a Bolonia, luego a Tolosa, también a París, a Padua y a Nápoles, esta última cuando se encontraba en su esplendor bajo el reinado de Roberto –sé que voy a herir sensibilidades ajenas–, el más eminente entre los reyes y filósofos de nuestro tiempo, cuyo gobierno fue tan brillante como su intelecto. Y, sin embargo, mis jueces lo tratan como a un ignorante, por lo que me enorgullece compartir este trato injurioso con alguien tan ilustre; destino que, por cierto, ambos podríamos compartir con otros personajes más antiguos y gloriosos, tema del que me ocuparé más adelante. En cualquier caso, la opinión que el mundo entero tiene sobre este rey contradice frontalmente la que ellos sostienen.

Cuando era joven yo trataba a este anciano no como a un rey –pues reyes hay de muchos tipos– sino como un raro milagro de inteligencia y una venerable reliquia por su cultura. A pesar de nuestra diferencia de edad y de posición, fui siempre tratado por el rey Roberto con gran afecto –y esto se sabe en todas partes, pero sobre todo en Nápoles–, no por mis méritos personales o familiares, pues carecía yo totalmente de habilidades militares y de dotes

---

[66] Macrobio, *Saturnales* 2, 7, 2-3. Petrarca, dice: «cum vitam omnem honesta militia exegisset», es decir, según él sería un soldado, aunque en realidad no era militar, sino que pertenecía al orden ecuestre.

escénicas, sino por mi inteligencia y mi interés por la cultura, según decía él. Así que, o él era un mal juez, o yo tengo una pésima memoria que hace que me haya olvidado de lo mucho que había estudiado y que parece que sabía en aquel momento.

Por lo demás, he pasado la mayor parte de mi vida, y la mejor en lo que al trabajo se refiere, en dos lugares: en aquella corte que no sé por qué llaman romana, porque estuvo situada en la orilla izquierda del Ródano durante cincuenta o más años, y de donde se ha desplazado justamente este año –espero que para no volver allí–[67] bajo el mando y con el respaldo de ese santo que será, si sigue así, Urbano V, quien retornará (¡ojalá que para siempre!) a la sagrada sede de Pedro; y el otro lugar en el que he estado es el Helicón cisalpino,[68] situado junto al río Sorgue, rey de las corrientes. Mientras que en la curia me reunía asiduamente con hombres ilustres provenientes de todas partes, en el Helicón encontré la soledad, el silencio y la tranquilidad que tanto favorecen a los que reflexionan. Por eso, cuando estaba allí estudiaba y frecuentaba las escuelas, y leía o exponía lo que yo había escrito a los maestros y a los amigos. En esta otra sede, daba paseos largos durante los cuales meditaba, rezaba –aun siendo pecador– y a menudo reflexionaba sobre las disciplinas liberales.

A lo largo de esos años, he tenido el privilegio de relacionarme con venerables sabios e ilustres intelectuales. Si me detuviera a enumerarlos, aunque sería un deleite rememorar a cada uno, nunca terminaría. Disfruté inmensamente al ver que contaba con su respeto y admiración, incluso siendo apenas un adolescente en ciudades de gran efervescencia cultural. Y ahora, en mi vejez,

---

[67] En 1309, el papa Clemente V, de origen francés, decidió no establecerse en Roma debido a los conflictos políticos y la inestabilidad en la ciudad. En su lugar, eligió Aviñón, una ciudad entonces perteneciente al Reino de Nápoles, pero ubicada en territorio controlado por el rey de Francia. En 1377, tras siete papas consecutivos, Gregorio XI finalmente regresó a Roma, poniendo fin al 'cautiverio de Aviñón'. Petrarca evita nombrar la ciudad diciendo de ella tan solo que está en la orilla izquierda del Ródano.

[68] Así solía llamar Petrarca a Vaucluse.

me encuentro en una gran urbe donde el constante ajetreo parece deshumanizarlo todo, enfrentándome a cuatro jóvenes que pretenden arrebatarme el respeto que aquellos insignes personajes me otorgaron.

He acabado como Laberio a los sesenta años. He perdido mi estatus social, pero no por la misma razón que él, pues no me he convertido en un comediante, lo cual, por así decirlo, requiere un cierto ingenio y unas cualidades específicas, y puede ser considerado un arte entre las artes escénicas.[69] Yo, por el contrario, he pasado de ser considerado un sabio a ser tenido como lo más bajo: como un ignorante.

¡Qué le vamos a hacer! Este es el resultado de tanto estudio, tanto trabajo y tantas noches en blanco. De joven decían de mí que era un sabio y ahora, que he sido sometido a un examen más profundo, resulta que no soy más que un viejo ignorante. Tendría que estar dolido, pero lo llevo bien; o quizá tendría que no estarlo y asumirlo con buen ánimo, como la mayoría de los hombres cargan con las desgracias que les sobrevienen: el desamparo, la ruina, el sufrimiento, el dolor, la muerte, el exilio o el descrédito. Si la difamación es falsa, debería despreciarla, pues surgirá invariablemente quien la desafíe y acabará siendo olvidada; y si es verdadera, no hay que enfrentarse a ella, sino aceptarla como un castigo merecido por la culpa. Si esa fama de hombre culto que tengo me la quitan con sus palabras y resulta que no tienen razón, me reiré yo también; pero si la tienen, no solo pienso llevarlo bien, sino que incluso me alegraré de verme libre de un bagaje que no me corresponde y me sentiré aliviado de tener que estar protegiendo un pesado fardo que no tenía obligación de acarrear. Es mejor despojar a un ladrón de un injusto botín que permitirle disfrutar de lo robado impunemente. Aunque sea ilegal quitar a un ladrón lo que él se ha llevado, el que lo haga está obrando con justicia. En cuanto a mí, como he dicho, acato el veredicto, sea justo o injusto, y no desapruebo que me juzguen o que me roben, sea quien sea.

---

[69] Cf. *Invectivas contra un médico*, I.

Conservar una reputación impecable exige un esfuerzo constante, especialmente cuando ha sido forjada mediante la dedicación al conocimiento y al trabajo intelectual. Quien alcanza el reconocimiento vive bajo el escrutinio permanente, acosado sobre todo por quienes, incapaces de lograrlo por sí mismos, sufren que otros lo obtengan. Es imprescindible tener siempre una herramienta lista, mantenerse en pie de lucha, con el ánimo alerta y la atención despierta. Quienquiera que me libere de esta carga será bien recibido, incluso si lo hace con intenciones torcidas o mezquinas. Ser una figura destacada en el ámbito literario desgasta las fuerzas y altera el equilibrio interior; hoy solo anhelo hallar un rincón apacible donde disfrutar de la serenidad. Deseo desprenderme de esta notoriedad que, merecida o no, me abruma, recordando las palabras de Séneca: «El precio de la fama es una considerable pérdida de tiempo y una grave ofensa para los oídos ajenos. En vez de escuchar elogios como '¡Qué hombre tan sabio!', deberíamos aspirar a algo mucho más digno: '¡Qué hombre tan bueno!'».[70]

Acojo tu consejo, tú que eres mi más fiel guardián de las costumbres; como bien señalas, y yo suscribo, aspiro a que de mí se diga algo más genuino, más elevado, que revele mi verdadera esencia. Esta aspiración me parece incluso más noble, máxime cuando mis jueces hasta ahora no han cuestionado este atributo. Sin embargo, no puedo evitar albergar dudas sobre si realmente merezco esta distinción. Mi empeño por conseguirlo será inquebrantable: perseguiré este ideal hasta el último aliento, sin desmayo ni descanso. Si –como sabiamente apuntaste– para ser virtuoso basta con desearlo fervientemente, entonces mi sola determinación ya constituye un acto de bondad.[71] Aun cuando solo sea por este anhelo, creo merecer el título que persigo.

---

[70] Séneca, *Epístolas,* 88, 38.
[71] Ibid., 34, 3.

IV

Retomemos el tema de mis jueces. A pesar de haber hablado extensamente sobre ellos, quedan aún aspectos cruciales por revelar para que comprendas la verdadera dimensión de este asunto. No me perturbaría que me tildasen de inculto, pero me resultaría intolerable que me consideraran necio o demente. Las letras son meros ornamentos externos, mientras que la razón constituye la esencia misma del ser humano, el núcleo de nuestra naturaleza. Por ello, si bien me es indiferente que cuestionen mi nivel cultural, me abochornaría profundamente que me juzgaran como un hombre falto de juicio, pues no lo soy: demostré suficiente sagacidad para evadir sus trampas y perspicacia para sortear sus argucias. Si no me hubiera cegado mi propia ingenuidad, haciéndome creer en la sinceridad inquebrantable de su amistad, jamás habría caído en su engaño. Después de todo, hacer tropezar a quien confía es la más simple de las artimañas.

Lo que afirmé entonces, lo sostengo ahora. Aquellos ciudadanos prominentes, junto con otros tantos de aquella magnífica y vasta ciudad, solían visitarme periódicamente, ya fuera por parejas o en grupo. Me alegraba recibirlos casi como si fueran ángeles enviados por Dios, olvidándome de todo lo demás y dedicándome por completo a ellos, que llenaban mi espíritu y me serenaban con sus admirables ademanes. Charlábamos de los temas más variados, como suele suceder cuando se está con amigos. No medía mis palabras ni mi forma de hablar, pues me encantaba disfrutar de aquellas conversaciones. A menudo me quedaba en silencio, pensativo, para no interrumpir con asuntos vulgares sus animadas charlas. Entre amigos, nunca solía comportarme con falsedad o hipocresía. Me mantenía ecuánime tanto en mi forma de hablar como en mi porte, sin mostrarme diferente a como era cuando estaba solo. Como bien decía Cicerón, esta actitud es sumamente agradable.[72] ¿Qué sentido tiene hacer alarde de elocuencia o cono-

---

[72] Cicerón, *Sobre la amistad*, 6, 22.

cimiento entre amigos que ya conocen tus sentimientos e inteligencia? Preguntar solo es útil cuando se intenta saber algo nuevo, no para poner a alguien a prueba. Y aun en ese caso, debe hacerse con naturalidad, sin artificio, con el único propósito de compartir sabiduría y, por supuesto, sin rastro de envidia o rencor.[73]

Siempre me ha extrañado que César Augusto, un gobernante de alto rango y preocupado por asuntos tan transcendentes, se esmerase en cuidar la forma en que se dirigía al pueblo, al senado, a los soldados, e incluso a su mujer y amigos. Con frecuencia llegaba incluso a redactar previamente sus intervenciones.[74] Quizás este meticuloso proceder respondía a su deseo de prevenir críticas, evitando que cualquier expresión insignificante pudiera ser objeto de reproche. Tal vez para una persona en la cúspide del poder sea adecuado dirigirse habitualmente a los demás como si estuviera transmitiéndoles el contenido de un oráculo. Yo, en cambio, con mis amigos prefiero expresarme con naturalidad y sencillez, sin calibrar cada palabra por temor a sus críticas. El diálogo se torna insufrible cuando uno está perpetuamente bajo escrutinio. Prefiero que me juzguen poco elocuente antes que vivir atormentado por la opinión ajena.

Este es el estilo que he usado siempre con mis amigos y con la gente que me aprecia y que conoce mi talento. Yo no sospechaba que, en mis conversaciones con ellos, esa confianza y espontaneidad me iban a convertir en blanco de sus críticas. No medía mis palabras ni las elegía con especial cuidado, simplemente expresaba sin más lo que venía a mi mente. Mientras tanto, ellos me observaban con intención calculada, diseccionando cada una de mis frases y distorsionando mi mensaje, como si fuera incapaz de expresarme con precisión o elegancia. Tras repetir sistemáticamente su estrategia, se convencieron de que podían ratificar su ve-

---

[73] En la misma obra, Cicerón dice que en la amistad se debe compartir todo «sin excepción» (17, 61).
[74] Suetonio, *Vida de los Césares: Augusto*, 84.

redicto inicial, aprovechando ese principio universal según el cual nada resulta más sencillo que confirmar a alguien en sus creencias preexistentes. Mientras yo me comportaba con una ingenuidad absoluta, expresándome como un completo ignorante, hablando sin calibrar las consecuencias, lo que jamás sospeché fue la mofa constante que despertaba mi candidez. Al final, me encontré solo y desprotegido, rodeado de insidias, víctima de mi propia transparencia, cercado por una turba de individuos que hacían escarnio de mi vulnerabilidad intelectual.

Solían mis amigos iniciar debates sobre los temas tratados por Aristóteles o sobre cuestiones relacionadas con los animales. Yo, por mi parte, o bien guardaba silencio, o a veces gastaba una broma o desviaba la conversación, mientras sonreía con ironía y cuestionaba cómo podría Aristóteles haber concebido algo que escapaba tanto a la razón como a la experiencia. Ellos reaccionaban con una mezcla de estupor y contenida indignación, mirándome como si profiriera una blasfemia por atreverme a cuestionar lo establecido por el filósofo. Era como si hubiéramos pasado de ser simples pensadores y amantes del conocimiento a convertirnos en acólitos devotos, prisioneros de una tradición intelectual que nos había reducido a repetidores serviles, reviviendo aquella ridícula costumbre de preguntarnos: ¿qué habría dicho él? Y este 'él', como señala Cicerón, no era otro que Pitágoras.[75] Yo considero a Aristóteles un hombre ilustre y sumamente sabio pero, al fin y al cabo, un ser humano sujeto a limitaciones, por lo que deduzco que hay muchos temas trascendentales que probablemente jamás llegó a conocer. Y diré más –si me lo permiten estos dogmáticos que anteponen la tradición a la verdad–, creo firmemente, por Hércules, que Aristóteles tomó la senda equivocada[76] al tratar asuntos de escasa importancia en los que cometer un error es algo nimio y

---

[75] Cicerón, *Sobre la naturaleza de los dioses*, 1, 5, 10. Los discípulos de Pitágoras se referían a su maestro simplemente como 'él' (αὐτός), y lo usaban como argumento de autoridad absoluta. Si en un debate alguien decía 'él lo dijo' (αὐτός ἔφα, en dialecto dórico), se daba por concluida la discusión.

[76] Terencio, *Eunuco*, 245.

poco peligroso. Y ese mismo proceder lo extendió a otras materias de suprema relevancia, abordando cuestiones de tal magnitud que incluso atañen a la salvación del alma. Hay muchos pasajes de sus *Éticas*, si se me permite decirlo, en los que desarrolla su tesis sobre la felicidad, y –que mis potenciales censores me perdonen– me atrevo a afirmar que Aristóteles ignoraba verdaderamente la esencia de la felicidad. Tan profundos eran sus errores que cualquier anciana devota, cualquier humilde pescador, pastor o labrador que vivieran en la fe y sin perderse en laberintos intelectuales, alcanzaría una comprensión más certera.

Me sorprende profundamente que algunos de nuestros pensadores[77] veneren tanto el tratado aristotélico, y que, a la luz de sus propios escritos, consideren casi sacrílego añadir algo más sobre la felicidad. Sin embargo, y aun a riesgo de parecer audaz, yo creo firmemente que conciben la felicidad de manera análoga a como un búho percibe el sol: han captado apenas su luz y sus destellos, mas no el astro mismo en su esplendor. Sin duda, Aristóteles no estableció la reflexión sobre la felicidad en su verdadero núcleo ni sobre un fundamento sólido, como correspondería a una construcción conceptual robusta. Por el contrario, la dejó flotando sobre un terreno impreciso e inestable, olvidando o ignorando[78] aquello sin lo cual la felicidad resulta inconcebible: la fe y la inmortalidad.[79] Me arrepiento incluso de insinuar que no consideró el tema, y quizás debería limitarme a señalar que no lo descubrió. Pues en aquella época ni conocían ni habrían podido comprender lo que significaban la fe y la inmortalidad, y por tanto carecían de esperanza porque el mundo no había sido aún iluminado por la verdadera luz de la tierra, «la que ilumina a todo hombre que viene a este mundo».[80]

---

[77] Petrarca llama 'los nuestros', en general, a los autores latinos vinculados a los autores cristianos, y los enfrenta, por así decir, a los griegos, que serían los de la antigüedad pagana.

[78] Lactancio, *Instituciones divinas*, 6, 14. 6.

[79] San Agustín, *Sobre la Trinidad,* 13, 7.

[80] *Juan* 1:9 («El verbo era la luz verdadera que alumbra a todo hombre»).

Como todos, ellos moldeaban en su imaginación aquello que el ser humano anhela de forma natural: la felicidad, ese deseo universal e irrenunciable. La celebraban con palabras elegantes, como si fuera una canción dedicada a un amor ausente, pero jamás pudieron verla o experimentarla realmente. Vivían en una ilusión de plenitud, casi dichosos en su ensoñación, mas condenados a despertar abruptamente ante la inminencia de la muerte, ese trueno que habría de revelarles con crudeza la verdadera naturaleza de la felicidad que solo habían alcanzado en sus sueños. Y si alguien piensa que esto que digo es solo una opinión particular y formulada a la ligera, que lea el libro décimotercero de *Sobre la Trinidad* de Agustín, en el que me he inspirado para dictar este juicio serio y profundo sobre los filósofos. Cito textualmente: «se han imaginado la felicidad cada uno como le apetecía».[81]

Todo esto lo he dicho con frecuencia y lo seguiré diciendo siempre que pueda, porque es la verdad. Si mis palabras les parecen sacrílegas, que me acusen de lesa religión, pero no solo a mí, también a Jerónimo, que siguió las enseñanzas no de Aristóteles sino de Cristo.[82] Yo, por mi parte, no dudaré en considerarlos a ellos impíos y sacrílegos, y preferiría perder mi vida y todo lo que me es querido antes que renunciar a esta creencia piadosa, verdadera y saludable; jamás renegaré de Cristo por amor a Aristóteles. Que se queden con el nombre de filósofos o de aristotélicos, aunque no merezcan ni uno ni otro. No envidio esos nombres rimbombantes que alimentan su hipocresía, y ojalá ellos no envidien mi humilde y verdadero nombre de cristiano y católico.

Ahora bien, ¿por qué pido lo que sé que ya hacen y continuarán haciendo? Sin duda, no solo no envidian mi nombre, sino que lo desprecian con altanería, considerándolo simple, vulgar e indigno de compararse con su supuesta genialidad. Con una arrogancia desmedida, escudriñan los secretos de la naturaleza y los misterios más profundos de Dios, los mismos que nosotros profe-

---

[81] San Agustín, op. cit., 13, 4, 7.
[82] San Jerónimo, *Contra Pelagio*, 1, 19-20. En Migne, *PL*, 23, 512-13.

samos con humilde fe. Son incapaces de comprenderlos y ni siquiera los intuyen; sin embargo, en su necedad, se persuaden de haberlos comprendido plenamente. En su demencia, creen tocar el cielo con el puño cerrado, envanecidos por su propia opinión y regocijándose en su error. Nada puede despojarles de su locura, es más, yo diría que no vale la pena intentarlo. Con magistral precisión lo advierte el apóstol en su carta a los Romanos: «En efecto, ¿quién conoció el pensamiento de Señor? O ¿quién fue su consejero?»[83] y lo aconseja el *Eclesiástico* con sabiduría divina: «No pretendas lo que te sobrepasa ni investigues lo que te excede. Pon atención a lo que se te encomienda porque no tienes necesidad de cosas secretas».[84] Sé de antemano que mis palabras no habrán de conmoverlos, ya que desprecian sistemáticamente cuanto huela a creencia de fe, rechazando de plano todo lo que suene a católico.

Al menos podrían admitir la ocurrente observación de Demócrito: «Nadie repara en lo que pisa, pero todos se afanan por escrutar las regiones celestes».[85] Y la no menos irónica frase de Cicerón acerca de quienes debaten con osadía, cuestionando las palabras ajenas «como si hubieran descendido directamente de un concilio divino y hubiesen comprobado y oído todo lo que allí se hablaba».[86] Aún más revelador resulta aquel antiguo y perspicaz mito que cuenta Homero: Zeus, en un acto de suprema autoridad, le prohíbe con serias amenazas inmiscuirse en sus más íntimos secretos y presumir ante los demás de que los conoce, no precisamente a un dios menor o a un simple mortal, sino a la propia Juno, la reina de los dioses, su hermana y esposa.[87]

Pero volvamos a Aristóteles, cuyo falso esplendor deslumbra los ojos legañosos y enfermos de sus seguidores, precipitándolos sin remedio en el abismo del error. Bien sé que él propuso la idea de un mando único, algo que ya antes había esbozado

---

[83] *Romanos* 9:34.
[84] *Eclesiástico* 3:21-23.
[85] Cicerón, *Sobre la adivinación*, 2, 13, 30.
[86] Cicerón, *Sobre la naturaleza de los dioses,* 1, 8, 18.
[87] *Ilíada,* I, 555-567.

Homero. En un texto que está traducido al latín,[88] Homero proclama: «No es bueno que el poder lo ostenten muchos, debe haber un único señor, un solo gobernante». Por su parte, Aristóteles afirma categóricamente: «El que haya varios jefes no es bueno, debe gobernar solo uno».[89] La diferencia entre la afirmación de uno y otro radica en el ámbito de su reflexión: mientras Homero se refería al gobernante humano –específicamente al atrida Agamenón, príncipe de los griegos–, Aristóteles hablaba del poder divino. Homero circunscribía su idea al liderazgo terrenal y Aristóteles elevaba el concepto al poder de Dios como gobernante supremo de todo lo creado. Hasta este punto iluminó su inteligencia la luz de la verdad. No logró, sin embargo, comprender quién era el ser supremo que gobierna el universo, ni supo nada sobre su naturaleza y su inconmensurable grandeza. Desarrolló tratados enormes y minuciosos sobre asuntos intrascendentes, sin llegar jamás a atisbar lo verdaderamente esencial, aquello que han llegado a entrever mentes sencillas e iletradas gracias a una luz de sabiduría que trasciende toda erudición. Si mis amigos no comprenden esta verdad es porque están completamente ciegos y han perdido no solo la vista, sino incluso la capacidad de discernimiento. Pues cuantos conservan la lucidez de sus sentidos ven eso tan claramente como advierten que la esmeralda es verde, la nieve blanca y el cuervo negro.

Para que estos aristotélicos soporten mi audacia con ecuanimidad, aclararé que no me refiero únicamente a Aristóteles, aunque sea a él a quien mencione. Soy un hombre bastante formado y durante años se me ha considerado un erudito, y, si bien últimamente estos críticos me tachan de ignorante, continúo siendo un ávido lector, aunque quizá menos que durante mi juventud, cuando devoraba los libros con mayor pasión. Aún ahora me deleito

---

[88] Petrarca no sabía griego. Por eso cita la traducción de la *Ilíada* (en concreto, el pasaje 2, 204) que había hecho su amigo calabrés Leonzio Pilato.
[89] Aristóteles, *Metafísica,* 11, 10 (1076a) y *Política,* 4, 4 (1292a), donde se cita también el pasaje homérico.

con obras de casi todos los poetas y filósofos, aunque confieso mi predilección por Cicerón, cuyo estilo y agudeza me cautivaron desde mi adolescencia. Lo considero el más sublime de los autores, el que se expresa con más elegancia y con más fuerza. En esto es verdaderamente incomparable. Pero en aquellos libros que publicó bajo el título de *Sobre la naturaleza de los dioses*, yo diría que su estilo brillante es precisamente lo que contribuye a realzar la pobreza de su contenido.

En silencio, elevo mi gratitud a Dios por haberme concedido, sin mérito alguno, una inteligencia que, aun siendo modesta y limitada, no por ello es indolente. Mi mente se siente atraída por los temas que son sublimes, y mi curiosidad se excita ante las verdades cuyo descubrimiento se presenta como una tarea ardua y difícil. Por eso puedo afirmar que, cuanto más escucho argumentos que pretenden socavar la fe en Cristo, más profundamente lo amo y más firme se hace mi fe en Él. Me ocurre como a un hijo que ama a su padre con un afecto inicialmente tibio, pero que, al oír que alguien lo deshonra, siente que ese sentimiento se aviva súbitamente con toda su intensidad. Así reacciona un verdadero hijo. Tomo a Cristo por testigo de que las blasfemias de los herejes contra los cristianos me han hecho aún más cristiano de lo que era. Pues aquellos antiguos escritores paganos, si bien inventaban historias fabulosas sobre sus dioses, no blasfemaban, aunque no por virtud, sino porque jamás conocieron al Dios verdadero. Ni tan siquiera habían oído el nombre de Cristo. Dado que «la fe nos llega a través de lo que escuchamos» y, cuando la doctrina de los apóstoles se expandió por toda la tierra, «hasta los confines del orbe llegaron sus palabras»,[90] ellos yacían muertos y sepultados, más infelices que culpables, la tierra misma pareció conspirar para que sus oídos jamás escucharan la palabra de la fe, impidiéndoles así conocer la que salva.

No obstante, entre todas las obras de Cicerón, los tres libros *Sobre la naturaleza de los dioses* –a los que me acabo de re-

---

[90] *Romanos* 10:16-18.

ferir– son los que más me cautivan. En ellos, este espíritu prodigioso disecciona a los dioses con una ironía que oscila entre el desprecio y la burla, aunque sin la gravedad que tal crítica merecería. Quizás contenía su pluma, temeroso de experimentar el mismo rigor que los apóstoles antes de la venida del Espíritu Santo,[91] mas no por ello renuncia a los recursos retóricos más sutiles. Cicerón despliega con maestría tópicos que provocan la risa, esos ardides literarios que convierten a los hombres inteligentes en seres verdaderamente ingeniosos a los ojos de los demás. Al leer sus obras, no he podido evitar sentir una profunda compasión por él, pues si utilizaba ese lenguaje era porque no llegó a conocer al verdadero dios. La muerte cerró sus ojos pocos años antes del nacimiento de Cristo: justo cuando la noche del error y la oscuridad estaban a punto de disiparse, precisamente cuando se aproximaba la era de la verdad, cuando el amanecer de la luz verdadera comenzaba a despuntar y el sol de la justicia estaba por iluminar el mundo, él yacía sumido en la ignorancia eterna.

En sus abundantes libros, Cicerón habla de los dioses y, dejándose arrastrar por la corriente de ideas equivocadas frecuentes en su época, a menudo se burla de ellos, como acabo de decir. En su libro *La invención retórica*,[92] escrito cuando era aún joven, ya sostenía que los filósofos no creen en la existencia de los dioses. Yo, sin embargo, afirmo que conocer a Dios –no a los dioses– es, sin lugar a dudas, la auténtica filosofía y la más excelsa; siempre, por supuesto, que este conocimiento vaya acompañado de la piedad y del culto debido. Cuando ya era mayor, Cicerón continuó escribiendo libros sobre los dioses, no sobre Dios, en los que vierte lo más profundo de su pensamiento, elevándose hasta los límites que le permitían las alas de su espíritu.[93] Tal es la altura de su reflexión, que un lector podría llegar a preguntarse si no está

---

[91] *Juan* 20:19-23.
[92] Cicerón, *La invención retórica*, 1, 29, 46. La obra la escribió hacia el 85 a. C., cuando Cicerón tenía 21 años.
[93] Cicerón escribió *Sobre la naturaleza de los dioses* en el 44 a. C., con 62 años.

ante las palabras de uno de los apóstoles, en lugar de las de un filósofo pagano.

Un ejemplo, tomado del libro primero, lo constituyen las acusaciones que Cicerón lanza contra Veleyo, defensor del epicureísmo. Dice así: «Ofendías con tus palabras a aquellos que, al asombrarse ante la grandiosa y bella creación –el propio universo y sus componentes: el cielo, la tierra, el mar y los astros que lo adornan, el sol, la luna, las estrellas–, y después de haber descubierto las leyes de las estaciones y su sucesión periódica, intuyeron que debía existir un ser de naturaleza excelente y sobrenatural que habría creado todo eso, que lo mueve, lo rige y lo gobierna».[94]

Y en el segundo libro escribe: «Cuando miramos hacia arriba al cielo y contemplamos los cuerpos celestes, ¿hay algo que sea más claro y más evidente que el que existe un espíritu divino y una inteligencia trascendente que gobierna todo aquello?».[95] Y en el mismo libro afirma: «Un tal Crisipo, a pesar de estar dotado de una inteligencia agudísima, dice cosas que parece haberlas aprendido de la misma naturaleza y no deducido por sí mismo». Continúa diciendo: «Si hay algo en la naturaleza de las cosas que la mente y la razón del hombre, la fuerza y el poder humano no pueden llegar a realizar, ciertamente es porque lo hizo alguien superior al hombre. Y los cuerpos celestes y todas aquellas cosas que no alteran su curso no pueden haber sido creadas por el hombre y, por ello, lo que las ha creado está por encima del hombre. ¿Se puede dar a eso un nombre mejor que el de Dios?».[96]

Poco después se lee: «Si todas las partes del mundo están perfectamente elaboradas para cumplir su función del mejor modo posible y son las más bellas de su género, habrá que pensar si esto ocurre por azar o si su cohesión sería imposible sin un plan de la

---

[94] *Sobre la naturaleza de los dioses*, 1, 36, 100. Cabe advertir que con dichas palabras no expresa Cicerón su opinión pues, como a menudo ocurre en sus obras filosóficas, se limita a reproducir los argumentos defendidos por las distintas escuelas. En este caso, Cicerón parafrasea los del estoicismo.
[95] Ibid., 2, 2, 4.
[96] Ibid., 2, 6, 16.

providencia divina. Pues si las obras de la naturaleza son mejores y más perfectas que las fabricadas por los hombres, y si el arte no hace nada si no es movido por la razón, la naturaleza tiene que ser más sabia que la razón. Cuando alguien contempla una estatua o un cuadro, reconoce inmediatamente la intervención de un artista; cuando observa desde lejos el movimiento de una nave, nadie duda de que su trayectoria es resultado de un designio inteligente; y cuando un reloj de sol o una clepsidra marcan la hora con precisión, es evidente que tal exactitud no surge del azar, sino del ingenio de quienes los diseñaron. Por consiguiente, ¿no resulta ilógico suponer que el mundo, que abarca tanto las obras de arte como a los artífices mismos, carece de inteligencia y de razón? Si alguien transportara a las remotas tierras de Escitia o Bretaña la esfera que nuestro ya mencionado Posidonio fabricó –aquella que reproduce con cada revolución los movimientos del sol, la luna y los cinco planetas,[97] que reaparecen puntualmente cada día y cada noche–, ¿habría alguien tan ignorante que pudiera dudar de que tal artefacto ha sido concebido por una inteligencia? Sin embargo, estos filósofos permanecen perplejos ante el origen del universo, cuestionándose si surgió por azar, por necesidad, por alguna causa fortuita o por una inteligencia divina. Paradójicamente, consideran que Arquímedes, al imitar las revoluciones del firmamento, era más ingenioso que la propia naturaleza, creadora de un mecanismo que supera en perfección cualquier imitación humana».[98]

Lo que escribió Cicerón es exactamente lo que acabáis de oír.[99] Y para corroborar sus afirmaciones, recurre a continuación a una cita del poeta Accio[100] en la que éste narra la reacción de un pastor rústico ante un espectáculo desconocido. Al divisar a lo lejos la nave de los argonautas que se dirigía a la Cólquide, como nunca había visto nada semejante, se asustó. Se preguntaba

---

[97] En la antigua Roma se desconocía la existencia de Urano y Neptuno.
[98] Cicerón, op. cit., 2, 24-25 y 87-88.
[99] Ibid., vid. supra, n. 93.
[100] Op. cit., 2, 35, 89, pasaje en el que cita la *Medea* de Accio.

si lo que percibía era una roca arrancada de las entrañas de la tierra y se veía empujada por el viento hacia el mar, o quizás un remolino sombrío nacido del choque de corrientes opuestas. Pero, al contemplar después a los jóvenes que impulsaban la embarcación, escuchar sus cantos marineros y observar los rostros de los héroes, el pastor se fue poco a poco recobrando de su inicial aturdimiento y perdió el miedo, hasta que al fin pudo entender correctamente la escena que estaba produciéndose ante sus ojos.

La anécdota le sirve a Cicerón para extraer una conclusión filosófica: «Del mismo modo que aquel pastor, al principio, creyó estar contemplando algo inerte e inanimado, y luego, al observar con mayor detenimiento, empezó a comprender lo que inicialmente le había desconcertado, así también los filósofos, si acaso les perturba esa primera impresión del mundo exterior, al advertir la finitud y organización de sus movimientos, deberían inferir que todo está regulado por un orden claro, inmutable y constante, y comprender que existe un ser que no solo habita la región celestial y divina, sino que es el rector y moderador del universo, como una especie de arquitecto de tan magna obra y de tan prodigiosa estructura».[101]

Casi con idénticas palabras reitera la misma idea en otro pasaje del primer libro de las *Tusculanas*: «Cuando examinamos con detalle estas y otras innumerables maravillas, ¿podemos albergar alguna duda de que, si el mundo tiene un principio, como sostiene Platón, debe existir un ser anterior a todo lo creado que lo haya originado?; y si ha existido siempre, como opina Aristóteles, ha de tener necesariamente un moderador y guía de tan magna obra».[102] Observa cómo por doquier describe a un dios que gobierna y ha creado todas las cosas, utilizando una terminología que trasciende lo meramente filosófico para rozar lo que podríamos denominar un lenguaje prácticamente católico. Me parece que esta es una prueba más diáfana que lo expuesto posterior-

---

[101] Ibid., 2, 35, 90.
[102] *Tusculanas*, 1, 28, 70.

mente en el libro *Sobre la naturaleza de los dioses*, donde también invoca a Aristóteles como autoridad. Pues, aunque el punto de vista permanece similar, aquí habla no de un único Dios sino de múltiples dioses, lo que ya siembra la duda sobre si su verdadero propósito es desentrañar la verdad.

Esto es lo que tan acertadamente dice Aristóteles:[103] «Si existiese alguien que hubiese habitado siempre bajo tierra en una mansión bonita y elegante, adornada con estatuas y cuadros, y dotada de todo aquello con lo que disfrutan los que son considerados felices; imaginemos que, aunque nunca hubiera salido a tierra, hubiese oído hablar vagamente de que existen el aliento y la fuerza de los dioses. Supongamos que se abre para él una grieta en la tierra y logra escapar de aquel lugar tenebroso y dirigirse hacia donde nosotros habitamos. Al contemplar por primera vez la tierra, los mares y el cielo, y apreciar la magnificencia y belleza de las nubes, la impetuosa fuerza de los vientos y la majestuosidad del sol, capaz de iluminar todo el firmamento durante el día; y cuando por la noche admirase los cuerpos celestes que tapizan el firmamento, la luz de la luna en su incesante metamorfosis de creciente a menguante, el nacimiento, el ocaso y el curso inmutable e invariable de todos ellos, pensaría sin duda que los dioses existen y que tan portentosas maravillas solo pueden ser obra divina». Esto es lo que 'él' escribe. Y al decir 'él', me estoy refiriendo a Aristóteles.[104]

Consciente de que el ejemplo precedente podría parecer demasiado imaginario e improbable, Cicerón procede a citar un suceso conocido y próximo en el tiempo: «A veces nos acordamos de aquella terrible oscuridad que, según los testimonios, envolvió las comarcas cercanas el día en que el Etna hizo erupción.

---

[103] La obra de Aristóteles a la que se refiere Cicerón (2, 37, 95) es probablemente el diálogo aristotélico, hoy perdido, *Sobre la filosofía.*

[104] En este recurso literario de Petrarca, usar 'él' (*ille*) para referirse a Aristóteles encontramos un eco, al que ya hemos hecho referencia, de la deferencia con que trataban los pitagóricos a su fundador. En este texto, como en algunos otros, Petrarca ofrece una versión de las obras de Cicerón que difiere ligeramente de la que nos ha sido transmitida.

Durante dos días completos, los hombres vagaban como sombras, incapaces de reconocerse unos a otros, sumidos en una densa penumbra. Cuando al tercer día el sol logró abrirse paso entre las cenizas, fue como si renacieran, como si la luz les devolviera no solo la visión, sino la propia vida ¿Qué pasaría si esto le ocurriera a alguien que viene de otro mundo, que de repente ve la luz del día? ¿Qué le parecería el aspecto del cielo? Sin embargo, con la rutina cotidiana y con la contemplación habitual de este espectáculo, el espíritu se acostumbra y nadie se sorprende ni se pregunta por la causa de las cosas que ve a diario, como si fuera la novedad de un fenómeno más que su grandiosidad la que nos moviera a preguntarnos por su causa. ¿Quién podría llamar hombre a un ser que, viendo lo precisos que son los movimientos del cielo, lo exactos que son los de los astros y la armoniosa interconexión e interrelación de todo, dijese que no hay ningún plan racional en todo ello y que esos fenómenos, que se comportan con un orden que trasciende nuestra capacidad de comprenderlo, si se mueven así es por casualidad? Si al ver algo accionado por cierta maquinaria, como la esfera, un reloj u otro artilugio móvil, no dudamos de que todos esos dispositivos han sido creados por alguien que piensa, o al contemplar cómo el compás del cielo se mueve con revoluciones de admirable rapidez y que se suceden con perfecta regularidad los cambios anuales de las estaciones, respetando la idiosincrasia de todo, ¿cómo podemos dudar de que todo ello es el efecto de una inteligencia, y no de una cualquiera, sino de una excelente y divina? Séanos permitido dejar a un lado los argumentos elaborados y contemplar con nuestros propios ojos la belleza de la creación de la divina providencia».[105]

Lo que has escuchado se asemeja más a la proclamación de un apóstol que al discurso de un filósofo. Recuerda sin duda las palabras que el apóstol Pablo escribió en su epístola a los romanos: «Dios se ha manifestado a ellos; pues lo invisible de Dios, su eterno poder y su divinidad son perceptibles para la inteligencia a

---

[105] *Sobre la naturaleza de los dioses*, 2, 38, 96-98.

partir de la creación del mundo a través de sus obras; de modo que son inexcusables, pues, habiendo conocido a Dios, no lo glorificaron como Dios ni le dieron gracias; todo lo contrario, se ofuscaron en sus razonamientos de tal modo que su corazón insensato quedó envuelto en tinieblas. Alardeando de ser sabios, resultaron ser necios».[106] ¿Qué propósito persigue Cicerón, me pregunto, al insistir machaconamente en que el mundo ha sido creado y es regido por una providencia divina, sino el de grabar esta verdad en la conciencia de los hombres mediante el poderoso cincel de su retórica? Su intención parece ser la de hacer que las mentes más brillantes sientan vergüenza al comprender que se han extraviado, alejándose de la fuente de la que brota la felicidad verdadera, y se han perdido en elucubraciones estériles y áridas, construidas a partir de razonamientos equivocados.

Podrías sorprenderte, si no me conocieras, al verme seguir tan de cerca a Cicerón. La verdad es que me fascina su forma de abordar los temas. Me he dejado seducir más de lo habitual por el encanto de sus ideas y por su estilo, hasta el punto de hacer algo poco frecuente: poner mis opiniones en boca de otro. Por ello te pido perdón a ti, y también a mis lectores. Antes creía poseer una manera genuina y exclusiva de exponer mis propias ideas. Pero ahora, después de que estos cuatro salteadores me hayan robado el prestigio y la fama de sabio, siento que soy un mendigo intelectual que debe nutrirse con las palabras ajenas. Privado como estoy de toda credibilidad, me atrevo, en mi pobreza, a mendigar y tomo prestadas las palabras de otros. La ignorancia es la gran pobreza del espíritu y sólo la supera el vicio.

Pero no voy a condensar en este minúsculo libelo los tres libros de *Sobre la naturaleza de los dioses* y, por tanto, no voy a seguir citando a Cicerón tan extensamente. Hay también en otras obras, aunque sobre todo en esta que nos ocupa, pasajes en los que aborda muchos temas con profundidad y en los que nos invita a reflexionar sobre cómo Dios es el autor y gobernante de todo lo

---

[106] *Romanos* 1:19-22.

que vemos. Voy entonces a resumir lo esencial de su argumentación. Comienza por describir casi todos los fenómenos celestes y terrestres: los planetas y las estrellas, la regularidad y la fecundidad de la tierra, y los beneficios que ofrecen el mar y los ríos. Trata después sobre las distintas estaciones y los diferentes tipos de viento; se detiene en las hierbas, las plantas, los árboles y los animales, destacando la admirable naturaleza de las aves, los cuadrúpedos y los peces, y la utilidad que nos proporcionan: los usamos para la alimentación, el trabajo, el transporte y como remedio para las enfermedades. Describe la caza –especialmente la de aves–, la arquitectura, la navegación y las variadas técnicas desarrolladas por la inteligencia humana y las proporcionadas por la naturaleza. Posteriormente, se refiere a la maravillosa armonía de los sentidos y de los miembros del cuerpo, y finalmente habla de la razón y el talento. Su descripción es tan meticulosa y elocuente que no conozco otro escritor que haya tratado estas materias con tanta pulcritud y sutileza. De su exposición siempre extrae la misma conclusión: todo lo que vemos con los ojos y discernimos con nuestra inteligencia ha sido creado por un ser providente y divino para la felicidad de los hombres, y es regido por su sabiduría. Incluso cuando desciende al terreno de los individuos y nombra a catorce (si no me equivoco) generales romanos,[107] comenta: «Ninguno de los cuales podría haber sido lo que fue sin la ayuda de Dios». Y un poco más adelante añade: «Nunca existió un hombre ilustre que no hubiera gozado de la divina inspiración».[108] ¿Puede ser interpretada esa inspiración divina por una persona piadosa como algo distinto al Espíritu Santo? Más allá de su indiscutible elocuencia, que nadie ha igualado, cabe preguntarse: ¿algún escritor católico puede objetar algo de lo que escribió Cicerón?[109]

---

[107] En realidad, Cicerón menciona a quince caudillos.

[108] Op. cit., 2, 66, 167.

[109] Lo que Petrarca atribuye a Cicerón era la creencia habitual entre los romanos, para quienes toda iniciativa humana debía contar con la aquiescencia de los dioses, ello por no hablar del protagonismo otorgado a la diosa Fortuna. Cf. J. Champeaux, *La religion romaine*. Librairie Générale, París, 1998.

¿Y qué hacemos ahora? ¿Incluiré a Cicerón entre los escritores católicos? Me gustaría. ¡Y ojalá se me permitiera! ¡Ojalá que quien le dio una inteligencia tal se hubiera dejado conocer por quien tanto pudo buscarle![110] Aunque el verdadero Dios no necesite de nuestras alabanzas ni de los elogios de los mortales, creo, sin embargo, que en nuestros templos se oirían oraciones que, si bien no serían más verdaderas ni más santas –pues no cabe tal posibilidad–, sí serían más melodiosas y sonoras.

Dios me libre de aceptar toda la doctrina de un hombre inteligente por una o dos frases acertadas. He aprendido del propio Cicerón y de mi sentido común que «los filósofos tienen que ser juzgados no por afirmaciones aisladas, sino por la consistencia y la coherencia de todo su pensamiento».[111] No hay nadie tan torpe que no diga en algún momento algo acertado. Pero ¿acaso basta con eso? Muchas veces una frase inteligente dicha a tiempo oculta una enorme ignorancia, como cuando unos ojos vivaces y un cabello rubio dejan en segundo plano los defectos e imperfecciones de un cuerpo. Quien quiera estar seguro cuando alaba el conjunto de la obra de un autor, tiene antes que leerla entera, examinarla a fondo y valorarla en su integridad, porque puede ocurrir que, junto a aquello que le agrada, haya escondido algo que le ofenda en la misma medida, o incluso mucho más.

Y el propio Cicerón, en el mismo libro en el que diserta con seriedad sobre muchas cosas que podrían considerarse piadosas, de repente se vuelve hacia sus dioses como un perro hacia su vómito,[112] enumera los atributos de cada uno y comienza a hablar de la providencia divina, pero ya no de un Dios único sino de la de muchos dioses. Os pido que prestéis atención: «Hay que honrar y venerar a estos dioses. La mejor, la más pura, santa y piadosa forma de rezar a estos dioses es venerarlos con palabras y pensamien-

---

[110] Cf. *Familiares,* 24, 3, donde critica la inconsistencia de Cicerón.
[111] *Tusculanas,* 5, 10, 31.
[112] *Proverbios* 26:11: «Como el perro que vuelve a su vómito, así es el necio que insiste en sus sandeces», y también 2 *Pedro* 2:22.

tos puros, inocentes y virtuosos».[113] Pero ¿qué dices, mi querido Cicerón? ¿Ya te has olvidado del Dios único del que acabas de hablar? ¿Dónde has dejado esa naturaleza a la que llamabas sobresaliente y soberana? ¿Dónde está ahora la divinidad de inteligencia superior? ¿Dónde queda aquello de que «hay un dios superior al hombre», «creador de los seres celestes que no pueden ser creados por la razón o el poder humano y de ese orden eterno que distinguimos en ellas»? ¿Dónde has dejado al habitante de la mansión celeste y divina, al arquitecto del que hablabas antes, al rector y moderador de tan magna obra? ¿Lo has expulsado de aquella casa entre las estrellas, que le habías proporcionado con un amable reconocimiento? Ahora resulta que lo sitúas en la compañía de seres malolientes e indignos y declaras con voz profética: «Pero ahora mirad: soy yo, solo yo, y no hay dios fuera de mí».[114] ¿Y quiénes son, pues, estos nuevos, recién llegados y abominables dioses a los que quieres coronar en la casa del Señor? ¿Son, quizá, aquellos de los que dice el profeta: «Pues los dioses de los gentiles no son nada, mientras que el Señor ha hecho el cielo?».[115] Hace un instante, tú me hablabas de aquel como si fuera el creador y el autor de los cielos y de todas las cosas, halagando mi corazón y mi oído como lector piadoso que soy, y después das un giro repentino y sitúas a este ser excelso al mismo nivel que otras criaturas mediocres y que esos espíritus impuros. Con pocas palabras has dado al traste con toda la sabiduría y la sensatez de que dabas muestra. ¿Qué digo con pocas? Lo has hecho con muchas, en realidad, pues en numerosas ocasiones, por no decir habitualmente, vuelves sobre tus pasos como si fueras sonámbulo, das tumbos de un lado a otro y parece que disfrutas dando culto a los mismos dioses de los que poco antes te habías burlado. Es más, incluso te atreves a decir algo tan absurdo como que son dioses el sol, la luna y las estrellas y todo lo que es tangible de este mundo que ve-

---

[113] *Sobre la naturaleza de los dioses,* 2, 28, 7.
[114] *Deuteronomio* 32:39.
[115] *Salmos* 96:5.

mos, tocamos y sobre el que caminamos, pues afirmas que tienen sentidos, e incluso alma. Además, evitas asumir directamente la responsabilidad de haber hecho estas afirmaciones, recurriendo a la prudencia característica de la Academia[116] al atribuírselas a Balbo. Sin embargo, al final del libro, y nuevamente sin transgredir las normas de la Academia, te atreves a sostener que la teoría de Balbo es más verdadera, más verosímil.[117] Así, al validarla, das la impresión de haberla adoptado como propia. En realidad, estas ideas reflejan lo que tú mismo piensas, aunque, siguiendo la tradición platónica, prefieres atribuirlas a otro. De este modo, proyectas tus opiniones a través de un interlocutor ficticio.[118]

En otro pasaje de *Sobre la naturaleza de los dioses*,[119] Balbo propone una interpretación integradora de la divinidad: la existencia de un dios único que se manifiesta bajo múltiples advocaciones. Los estoicos utilizan este argumento para dar coherencia a su aparentemente caótico panteón, sugiriendo que las distintas deidades no son más que expresiones de una misma realidad divina. Según esta perspectiva, un dios primordial se revela de formas diversas: Ceres cuando germina la tierra, Neptuno cuando se agita el mar, Júpiter cuando domina el firmamento y Vulcano cuando arde el fuego.[120] No obstante, esta interpretación resulta ser artificiosa y poco convincente. Basta observar las narraciones de los propios escritores paganos para advertir sus inconsistencias: los dioses compiten entre sí, establecen jerarquías complejas y mantienen rivalidades, celos y disputas por su culto y por su preeminencia. El verdadero Dios es necesariamente uno. No cambia de

---

[116] La Academia platónica había evolucionado hacia cierto escepticismo, proscribiendo las afirmaciones taxativas sobre cuestiones dudosas y ponderando el valor preferente de lo verosímil.

[117] *Sobre la naturaleza de los dioses*, 3, 40, 95.

[118] Esta afirmación de Petrarca, como hemos indicado anteriormente, es injusta, al descuidar que el carácter de las obras filosóficas de Cicerón (salvo en *Sobre los deberes*) es más enciclopédico que apologético.

[119] *Sobre la naturaleza de los dioses*, 2, 20, 77.

[120] Ibid., 2, 23, 60-71.

tamaño ni de lugar, y no se contradice. No se conmueve unas veces por los sacrificios de corderos y otras por los de toros. Se complace únicamente con las ofrendas espirituales: alabanzas, rectitud de conducta, lágrimas de arrepentimiento y tribulaciones llevadas con paciencia. Él es uno solo en el cielo y en la tierra; una es su esencia y único su nombre.[121]

Ante la evidente incompatibilidad entre los mitos tradicionales sobre Júpiter y la concepción de un dios único, los llamados 'teólogos' –intérpretes de los dioses, no de Dios– recurrieron a elaboradas argucias interpretativas para resolver esta contradicción. Su estrategia consistió en multiplicar la figura de Júpiter mediante subterfugios intelectuales que rozaban lo absurdo. Lactancio[122] menciona la existencia de dos Júpiter: uno real y otro completamente imaginario. Cicerón lleva la especulación aún más lejos, llegando a proponer la existencia de tres Júpiter diferentes.[123] Como no quiero alargarme apartándome del tema que nos interesa, remito a quien le interese al primer libro de las *Instituciones* del propio Lactancio Formiano,[124] donde se desarrollan estas intrincadas disquisiciones con mayor detalle.

Lo más desconcertante de la mitología antigua es la proliferación de divinades y de astros: cinco soles, cinco Mercurios, cinco Dionisos, cinco Minervas; cuatro Vulcanos, cuatro Apolos, cuatro Venus; tres Asclepios, tres Cupidos y tres Dianas.[125] El colmo es Heracles, pues Cicerón le atribuye seis versiones[126] y Va-

---

[121] En realidad, el monoteísmo subyacente al panteón pagano no se limita a los estoicos romanos: ya lo habían defendido en la Grecia antigua filósofos como Jenófanes y Antístenes. La tesis de la *Prisca theologia* que en el siglo XV defenderán Ficino y Pico della Mirandola entronca con esa idea de la común inspiración originaria de todas las religiones del mundo.

[122] Lactancio, *Instituciones divinas*, 1, 11, 37.

[123] *Sobre la naturaleza de los dioses*, 3, 21, 53.

[124] 'Formiano', y no 'Firmiano', escribía Petrarca, quien creía a Lactancio natural de Formia, en Nápóles.

[125] *Sobre la naturaleza de los dioses*, 3, 22-23 y 54-60.

[126] Ibid., 3, 16, 42.

rrón llega a proponer nada menos que cuarenta y tres manifestaciones diferentes.[127]

La mera idea de tales afirmaciones nos provocaría hoy no solo incredulidad, sino incluso rechazo. Resulta asombroso que para los antiguos esto fuera materia de seria especulación intelectual. ¡Parece inverosímil que no sintieran vergüenza al formular tales desatinos! La acumulación de errores resulta insoportable, y lo más grave es que se trata de errores nacidos de la más pura fantasía. Me produce una mezcla de perplejidad y frustración que una lengua tan brillante[128] se haya malgastado en especulaciones tan estériles. En cuestiones menores, ciertamente, cabe la tolerancia intelectual; pero en los asuntos fundamentales, ¿qué sentido tiene semejante maraña de contradicciones? Hablan de cinco soles, cuando paradójicamente dicen que el 'sol' recibe ese nombre porque brilla él 'solo'[129] en el cielo. La realidad es simple: jamás ha existido más de un sol, y quien perciba múltiples soles no será considerado un vidente sino alguien aquejado de graves alucinaciones.

Sin ánimo de menospreciar a los antiguos –y menos aún a Cicerón, figura indiscutible en tantos otros ámbitos–, considero que tales elucubraciones nunca debieron ser consignadas por escrito, ni mucho menos leídas con seriedad. La ventaja es que, paradójicamente, estos desatinos sobre los dioses despiertan en los lectores el amor por la verdadera divinidad, por el único Dios, el desprecio de la superstición extraña y el respeto hacia nuestra religión. Pues no hay mejor modo de conocer con claridad algo que compararlo con su contrario. Nada hace tan atractiva la luz como el odio a las tinieblas.

Si esto es lo que puedo decir sobre Cicerón, a quien más admiro, ¿qué se puede esperar de los demás? Muchos autores de la antigüedad han escrito innumerables tratados con gran sutileza,

---

[127] Sobre el mencionado libro de Varrón, cf. Servio, *Comentarios sobre la Eneida,* 7, 564.
[128] El latín.
[129] *Sobre la naturaleza de los dioses*, 3, 21, 54 y 2, 17, 68.

seriedad, encanto y elocuencia. Sin embargo, en sus obras encontramos, como si hubieran mezclado veneno con miel, ideas falsas, peligrosas e incluso ridículas que no merecen nuestra atención. Resultan aburridas y carecen de relevancia. No merecen ni siquiera la defensa que hago de Cicerón. No todas poseen su atractivo, y aunque aborden temas importantes, no logran despertar el mismo interés. A menudo, una misma canción puede ser deliciosa o tediosa, dependiendo de quien la interprete. Una voz diferente puede transformar por completo la misma melodía. Y para que no nos falten ejemplos, pensemos en Pitágoras, al que todos conocemos, uno de los hombres más talentosos; pues bien, suya es la famosa idea de la *metempsicosis*,[130] que yo no calificaría de filosófica sino simplemente de humana. Fue a él, a tan gran genio, a quien se le ocurrió, infectando según dicen a otras inteligencias sublimes.

Me encantaría profundizar en este tema, pero no estoy seguro de tener el valor para hacerlo. Por eso, en lugar de hablar yo, cederé la palabra a un hombre más audaz: Lactancio Firmiano. En sus *Instituciones divinas*, este autor no duda en referirse a Pitágoras –de quien ya he hablado– como un «viejo necio y embustero, una criatura inconsistente y con una vanidad irrisoria».[131] Con gran libertad de estilo y pensamiento, desmantela y refuta todas las fantasías y mentiras vacías, especialmente aquellas en las que Pitágoras relata cómo, en su supuesta vida anterior, fue Euforbo.[132] Sin duda, este es el dogma pitagórico más famoso, gracias al cual Pitágoras, un emigrante en Grecia, logró ganar gran presti-

---

[130] Petrarca escribió en caracteres griegos la palabra ΜΕΤΕΜΨΙΚΟΣΙΣ, 'transmigración de las almas'.

[131] Lactancio, *Instituciones divinas,* 3, 18, 15-17.

[132] Εὔφορβος fue un héroe troyano del que habla Homero en la *Ilíada* (17, 51-52). Murió de una lanzada en la garganta luchando contra Menelao. Pitágoras creía que su alma se había reencarnado en él, y lo demostró reconociendo el broquel o escudo de Euforbo en el templo de Apolo en Bránquidas, según afirma Heráclides Póntico, citado por Diógenes Laercio. En su recuerdo, uno de los asteroides troyanos del planeta Júpiter lleva su nombre.

gio entre los crédulos ciudadanos de Metaponto.[133] Tras su muerte, su hogar fue venerado como un templo y la gente le rindió culto como si fuera un dios.[134] Aunque no dejó nada por escrito –se dice que no escribió una sola palabra–, sus enseñanzas se transmitieron de forma oral y, tras su fallecimiento, otros se encargaron de documentarlas.[135]

¿Y quién no ha oído hablar de la masa densa de los átomos y de sus colisiones al azar? Demócrito opina que, al juntarse todos ellos, forman el cielo, la tierra y el universo.[136] Y lo mismo dice su seguidor Epicuro, quien, para añadir algo a su locura, afirma que hay incontables mundos.[137] Se dice que, cuando oyó esto, Alejandro Magno suspiró pensando que aún no había sometido a ninguno,[138] ¡una señal clara de la vanidad y megalomanía de sus pensamientos! Sin duda, mientras ellos soñaban con mundos incontables, los autores de esta herejía filosófica todavía no habían comprendido ni la milésima parte de nuestro mundo. ¿Quién podría sostener que eran hombres doctos, prudentes y discretos, y no, como queda claro, que tenían mucho tiempo libre para dedicarse a pergeñar esas teorías tan estúpidas?

¿Qué puedo decir sobre los demás filósofos? Solo estos dos que hemos mencionado sostienen la idea de que existen innumerables mundos y que el espacio es infinito. Sin embargo, hay otros pensadores que también creen que nuestro mundo es eterno. Esta es la opinión que comparten casi todos, a excepción de Platón y sus seguidores, y, cómo no, mis jueces, quienes parecen más

---

[133] La biografía de Pitágoras siempre ha estado rodeada de cierto misterio. Se dice que emigró desde Samos a Metaponto, en el golfo de Tarento.

[134] Justino, *Epítome de las Historias Filípicas*, 20, 4, 16. También Cicerón, *Sobre los deberes,* 5, 2, 4 y *Tusculanas,* 4, 1, 2.

[135] San Agustín, *Sobre la concordancia de los evangelistas,* 1, 7, 12.

[136] Cicerón, *Cuestiones académicas,* 2, 17-18 y 55-56.

[137] Íd., 1, 2, 5-6 y 2, 40, 125. Sobre la idea de los mundos incontables, cf. Lactancio, *Sobre la ira de Dios,* 10, 10.

[138] Séneca, *Epístolas,* 9, 17. Valerio Máximo, *Hechos y dichos memorables,* 8, 14, ext. 2. Petrarca recuerda a menudo la anécdota.

filósofos que cristianos. Y todo para defender los célebres –o mejor dicho, infames – versos de Persio: «De la nada, nada se hace y nada puede volver a la nada».[139] Por seguir ese principio ellos no vacilarían, si no temieran más el castigo de los hombres que el de Dios, en atacar no solo la estructura del mundo que propone Platón en el *Timeo*,[140] sino también la que propone Moisés en el *Génesis*, la fe católica y toda la santidad de la doctrina cristiana que nos salva con la eficacia del rocío celeste. Y como no ven cercano el castigo y no hay testigos, atacan la verdad y la piedad, se ríen de Cristo cuando están en privado –mientras que adoran a Aristóteles, al que no entienden–, me acusan de que no doblo mi rodilla ante él y califican de ignorancia lo que se funda en mi fe. Debido a su temor de confrontar directamente la doctrina de la fe, optan por perseguir a quienes la defienden, silenciándolos y tratándolos como si fueran obtusos e ignorantes. No se toman el tiempo para averiguar lo que los demás saben o dejan de saber; su única preocupación es manifestar si están de acuerdo o en desacuerdo con ellos, porque en su opinión toda discrepancia demuestra que el otro es ignorante y que ellos son los portadores de la suprema sabiduría, capaces de cuestionar a quienes juzgan equivocados. Se aferran a sus ideas de tal manera que, tras asumir que «nada en la naturaleza surge de la nada», también atribuyen esta limitación al propio Dios. Están tan ciegos y tan sordos que ni siquiera se fían de Pitágoras,[141] el más antiguo de los filósofos de la naturaleza, quien afirmaba que «solo Dios tiene la fuerza y el poder de crear de la nada y de llevar a cabo fácilmente lo que la naturaleza es incapaz de hacer, porque es sin duda alguna más poderoso y superior que la propia naturaleza y ésta coge prestadas sus fuerzas».[142] Y no es raro que esta gente no atienda a lo que dice Cristo, ni a los apóstoles y a los eruditos católicos y que los desprecien, pero sí que lo es que no escuchen a

---

[139] Persio, *Sátiras,* 3, 83-84.
[140] Petrarca cita la versión latina del *Timeo* de Calcidio, cuya copia se encuentra ahora en la Biblioteca Nacional de París.
[141] La información que maneja Petrarca de Pitágoras proviene de Cicerón.
[142] Cicerón, *Tusculanas,* 1, 25, 62.

este insigne filósofo y que no respeten al menos su doctrina, si es que la conocen. Porque probablemente estos extravagantes jueces no han leído lo que critican ni se han tomado la molestia de analizar el segundo comentario de Calcidio acerca del *Timeo* de Platón,[143] si es que aún les queda un poco de vergüenza. Sin embargo, es probable que mis consejos caigan en oídos sordos. Todo lo relacionado con la piedad, sin importar quién lo exprese, será desestimado por su arrogancia y desdén. En su afán de parecer sabios, llegan a delirar, creyendo que los atributos del Dios omnipotente son comparables a los de una humilde esclava.[144]

Habrás podido observar en sus desordenadas discusiones cómo en público no se atreven a defender planteamientos erróneos; en su lugar, argumentan que en la presente discusión hay que dejar de lado la fe.[145] ¿No es acaso lo mismo que pretender buscar la verdad cuando se rechaza por principio la verdad misma? O, dicho de otro modo, es como abandonar el sol para sumergirse en el abismo profundo y oscuro de la tierra, imaginando que en medio de la más completa oscuridad se va a encontrar la luz. No se puede concebir nada más absurdo. Pero ellos –para que no pienses que son inocentes o que desconocen la gravedad de sus acciones– maldicen en privado su fe católica y la socavan con reflexiones

---

[143] Calcidio, *Traducción y comentario del Timeo de Platón,* 276. Calcidio es un filósofo neoplatónico del siglo IV que se dedicó a interpretar y explicar las obras de Platón, y su comentario sobre el *Timeo* es uno de los más destacados. En este diálogo, Platón aborda temas como la creación del universo y la naturaleza del ser. Calcidio se centra en la cosmología platónica y en cómo Platón describe el mundo sensible y el mundo de las ideas. Su interpretación resalta la importancia de la razón y la armonía en la creación del cosmos, así como la relación entre el mundo material y el mundo ideal. Además, Calcidio también incorpora elementos de la filosofía cristiana en su análisis, lo que muestra cómo las ideas platónicas influyeron en el pensamiento posterior.

[144] Es decir, la naturaleza.

[145] Tal es la doctrina llamada de la «doble verdad» (de tejas arriba y de tejas abajo), muy grata no solo al *averroísmo*, sino a numerosas corrientes filosóficas entre los siglos XII y XIV.

sofísticas y blasfemas, salpicando sus argumentos con chistes obscenos, impíos y de pésimo gusto.

Cuenta Cicerón que los que escuchaban a Balbo estuvieron de acuerdo con él cuando dijo: «Es una práctica aberrante e impía discutir acerca de los dioses, tanto si se hace como un juego como si se hace de corazón».[146] Y hablaba como alguien que venera a muchos dioses, pero hablaba con piedad, aunque su piedad estuviese corrompida y fuera en sí misma una impiedad. ¿Cuánto más venenoso e impío resulta entonces ejercitar esa práctica entre quienes rinden culto al verdadero Dios, discutiendo algo contra su propio Dios, que es el único y verdadero Dios del cielo? Pues si se hace en serio, es un crimen impío y enorme, y si jugando, una burla carente de gracia que merece ser severamente censurada.[147]

Mis jueces, sin embargo, no lo ven así, pues me considerarían mucho menos ignorante si no fuese cristiano. ¿Cómo les va a parecer docto un cristiano si al propio Cristo, nuestro señor y maestro, lo tratan de ignorante? No es fácil que de la escuela de un maestro supuestamente ignorante salgan discípulos cultos sin apartarse de sus enseñanzas. Con pasión, con audacia y con impertinencia, gritan contra el maestro y contra sus discípulos; incluso se puede decir que ladran e insultan. Su mayor gloria es hacer afirmaciones confusas y obscenas que nadie más puede entender. Te preguntarás quién puede entender a quien no se entiende a sí mismo. No escuchan ni a César Augusto, quien, además de poseer cualidades excelsas en su corazón y en su inteligencia, fue un mandatario cultísimo que, como se cuenta de él, «hablaba con elegancia y mesura y expresaba su pensamiento con primor y gran claridad». Incluso ridiculizó a unos amigos que se afanaban en encontrar palabras extrañas y oscuras, y reprochó a un enemigo «la insensatez de escribir para ser admirado más que comprendido».[148]

---

[146] Cicerón, *Sobre la naturaleza de los dioses,* 2, 67, 168.

[147] En la antigua Roma existía la magistratura del censor, que supervisaba la moral pública.

[148] Suetonio, *Vida de los Césares: Augusto*, 86, 1-5. El amigo que hablaba con palabras rebuscadas es Mecenas, el vanidoso es Marco Antonio.

Son, sin duda, dignos de admiración estos individuos que piensan que decir cosas incomprensibles les proporcionará estima social; es precisamente esa pretensión lo que los hace ignorantes a los ojos de los verdaderos sabios. La claridad de expresión es el más fiel reflejo de la claridad de ideas. Cuando nuestros pensamientos están verdaderamente ordenados, se exponen con nitidez, y lo que habita en nuestra mente fluye directamente hacia la comprensión de quien nos escucha. De ahí la verdad de lo dicho por Aristóteles, ese autor que tanto les gusta y tan poco entienden, en el libro primero de la *Metafísica*: «La capacidad de enseñar es señal de sabiduría».[149] Transmitir el conocimiento requiere, sin duda, también una cierta habilidad, como afirma Cicerón en el libro segundo de *Las leyes*: «Saber es un arte, pero también lo es transmitir lo que se sabe».[150] Este arte se debe basar en la claridad de la propia inteligencia y en el conocimiento profundo. Sin duda necesitamos aprender técnicas que nos permitan exponer con nitidez nuestros saberes, pero cuando no hay una exposición diáfana de lo que conocemos es porque las ideas no han sido realmente comprendidas.

Por eso nuestros amigos nos desprecian: porque encontramos alegría en la luz y no nos dejamos arrastrar por la oscuridad en que ellos se agitan. Nos miran con desdén, como si nuestra prudencia fuese un indicio de ignorancia. Creen que nuestra reticencia a confrontar constantemente su supuesta sabiduría evidencia dudas sobre nuestro conocimiento y pone de manifiesto nuestra ignorancia. Ellos, en cambio, se sienten orgullosos de sus expresiones crípticas y complejas, disfrutando al enredarse en todo tipo de disputas. Y lo cierto es que, aun careciendo de conocimiento, no dudan en opinar sobre cualquier asunto. Y aunque son conscientes de su ignorancia en algunos temas, no sienten ni vergüenza ni pudor al dar su opinión. Ignoran las palabras de Publi-

---

[149] Aristóteles, *Metafísica,* 1, 1 (981b).
[150] Cicerón, *Las leyes,* 2, 19, 47.

lio: «La verdad se pierde a base de controversias»,[151] así como las tan certeras reflexiones de Salomón: «Cuando las palabras son demasiado numerosas, no aportan a la discusión más que el vacío».[152] Tampoco prestan atención a lo que dice el Apóstol: «Si alguien quiere discutir, nosotros no tenemos esa costumbre, ni tampoco las iglesias de Dios»,[153] ni a la advertencia de Pablo: «Cuidado con que nadie os envuelva con teorías y vanas seducciones de tradición humana, fundadas en los elementos del mundo y no en Cristo».[154]

Pero ¿por qué me molesto en citar a estos autores? ¿Cómo se me ocurre pensar que para ellos Pablo va a ser una autoridad? ¿No es a sus ojos el más odioso y despreciable precisamente porque fue el más amado por su maestro? ¿Quién va a dar crédito a tan detestable consejero? No van a parar, aunque sea un amigo el que intente frenarlos, aunque sea el propio Aristóteles. ¡Es tan grande su excitación, tanta la insensatez de su mente, tan desmedido su orgullo, tan enorme y tan vana la jactancia de la que hacen gala en nombre de la filosofía, tanta la terquedad de sus opiniones, tan enorme la maldad de sus dogmas absurdos y de esas disputas que pregonan a los cuatro vientos![155]

«¿Con qué ojos pudo contemplar el espíritu de Platón la creación de esta obra enorme e inigualable del mundo que dice haber sido edificado por Dios?». Esta pregunta sólo es tolerable si se considera que tiene una respuesta implícita: ¿con qué ojos vio Platón esas cosas? Con los del alma, por supuesto, que son los capaces de contemplar las cosas invisibles, ya que la mente de este

---

[151] Publilio Siro (85 a. C.-43 a. C.) citado por Aulo Gelio, *Noches áticas,* 17, 14, y Macrobio, *Saturnales,* 2, 7, 11. De sus obras queda únicamente una colección de sentencias; hay edición castellana: Publilio Siro, *Sentencias.* Edición de Javier Recas. Cypress Cultura, Sevilla, 2021.

[152] *Eclesiastés* 6:11.

[153] I *Corintios* 11:16.

[154] *Colosenses* 2:8.

[155] 'Ellos' serían tanto los griegos como los árabes. Se alude a Aristóteles, pero también a Averroes, su principal comentarista durante la Edad Media.

filósofo fue tan aguda y penetrante que pudo ver muchas cosas. Aunque a esta visión accedieron los nuestros más de cerca, no por tener más agudeza de mente, sino porque nos ilumina una luz más clara.

Regresando a Veleyo, ¿quién podrá soportar lo que dice a continuación? «¿Cómo se llevó a cabo una obra de tal magnitud? ¿Qué método de ingeniería se utilizó, qué herramientas y qué máquinas se emplearon? ¿Cómo pudieron el aire, el fuego, el agua y la tierra seguir tan obedientemente las instrucciones del arquitecto?».[156] Esta pregunta revela una mente suspicaz y malintencionada, ya que se formula como si se tratara de buscar a un carpintero o a un herrero, en lugar de referirse a aquel de quien se dice: «Así habló y se hizo».[157] Dios habló, ciertamente, mas no con palabras efímeras que el viento dispersa. Que no divaguen los necios, como acostumbran, imaginando a un Dios exhausto tras emitir su mandato. Muy por el contrario, Él habló mediante palabras interiores, a través de su 'verbo' eterno y coeterno, que estaba en el principio con Dios y que era «el Dios verdadero de Dios verdadero, consustancial al Padre, por quien todo fue creado».[158] Él creó el mundo de la nada, o quizás diremos —como algunos filósofos pretenden— que lo forjó a partir de la materia informe, de ese principio que los griegos denominan 'hyle' [madera] y los latinos 'silva'. Esta materia, en cualquier caso, como sostiene Agustín, fue igualmente creada de la nada.[159] Reitero mi afirmación: Dios creó el mundo por su palabra, mediante un verbo inaccesible para Epicuro y los suyos, y que nuestros propios filósofos, aun conociéndolo, se niegan a admitir; por ello, su culpa es aún más inex-

---

[156] Cicerón, *Sobre la naturaleza de los dioses,* 1, 8, 19.

[157] *Salmos* 32:9.

[158] Petrarca cita a *Juan*, 1:3 y el Credo de la Misa.

[159] ὕλη, materia o madera en griego. cf. Isidoro de Sevilla, *Etimologías,* 13, 3, 1 y Papias, *Vocabulista* (Venecia, 1496). Sobre la creación 'ex nihilo' cf. San Agustín, *Confesiones,* 12, 7, 7, así como también la discusión sobre *hyle* en el *Contra Fausto,* 20, 14 y en *Sobre la verdadera religión,* 18, 36.

cusable. En la oscuridad ni siquiera un lince puede ver, pero el que abre sus ojos a la luz y no ve nada es que está totalmente ciego.

En el siguiente pasaje, Cicerón se cuestiona –y debo admitir que es un interrogante verdaderamente lógico– cómo puede ser eterno[160] un mundo que ha sido creado. Lo que nosotros sostenemos es que este mundo tuvo un origen y que también tendrá un final. Lo plantea con una pregunta simple, pero común: «¿Por qué los creadores del mundo, que habían permanecido inactivos durante siglos, despertaron súbitamente?».[161] Quienes se hacen esta pregunta no consideran que, si el mundo fue creado hace cien mil años –o según los cálculos babilónicos citados por Cicerón,[162] hace seiscientos cuarenta mil, o incluso muchos miles más–, cabría igualmente cuestionarse por qué no sucedió mucho antes. En realidad, desde una perspectiva de eternidad, muchos años no son más que un instante fugaz, como señala el salmista: «Mil años son como el día que acaba de pasar».[163] Son aún menos. En definitiva, no son nada. Comparar un día o una hora con mil años, o incluso con un millón de años, es como comparar una gota de lluvia con el mar o con el océano. Hay una enorme desproporción, pero hay una *ratio* entre ellas. Sin embargo, si tomas muchos miles de años, tantos como tú quieras, incluso una cantidad más allá de toda numeración, y los comparas con la eternidad, entonces sí que desaparece cualquier proporción. En el primer caso, las cantidades, aunque sean enormes o mínimas, son finitas; en el segundo, la eternidad es infinita y, comparada con ella, cualquier cantidad finita, por muy grande que sea, debe considerarse, no digamos ya insignificante, sino lisa y llanamente inexistente, como afirma con gran sabiduría el gran Agustín en el libro XII de *La ciudad de Dios*.[164] Esta es la paradoja que llevó a los filósofos a considerar que el mundo es eterno. Su razonamiento era simple: si Dios hubiera

---

[160] Cicerón, *Sobre la naturaleza de los dioses*, 1, 8, 20.
[161] Ibid., 1, 8, 21.
[162] Cicerón, *Sobre la adivinación,* 1, 19, 36.
[163] *Salmos* 89 (90):4.
[164] Op. cit., 12, 13.

creado el mundo en un momento específico, parecería que había estado inactivo durante una eternidad antes de ese momento. Macrobio Teodosio explica esta idea en su comentario al libro sexto de *La República* de Cicerón: «La filosofía sostiene que el mundo ha existido siempre, creado por Dios, pero no dentro del tiempo convencional. De hecho, el tiempo tal como lo conocemos no pudo existir antes de la creación del mundo, ya que el tiempo se define por el movimiento de los astros».[165] Cicerón rebate esta perspectiva así: «La ausencia del mundo no significa necesariamente la ausencia del tiempo. Hay que distinguir cuidadosamente entre dos concepciones del tiempo. Por un lado está la idea del tiempo como una mera sucesión de días y noches –un concepto vinculado al movimiento de los astros–; por otro, existe una eternidad primigenia, un tiempo infinito sin divisiones temporales, cuya naturaleza podría entenderse de manera análoga al espacio, pues resulta inconcebible pensar que haya habido un momento en que el tiempo no existiera».[166] Agustín, posteriormente, reproduciría casi literalmente estas palabras de Cicerón.[167]

---

[165] Macrobio, *Comentario al sueño de Escipión,* 2, 10, 9. La obra es un estudio prolijo del famoso sueño narrado en *La República* de Cicerón (VI, 9, 29), en el que Escipión el Africano se aparece a su nieto adoptivo, Escipión Emiliano, y le revela su futuro y el de su país, explica las recompensas que aguardan a la virtud en la otra vida y describe el universo y el lugar de la Tierra y el hombre dentro de él.

[166] Cicerón, *Sobre la naturaleza de los dioses*, 1, 9, 21.

[167] San Agustín, *La ciudad de Dios*, 12, 16: «Confieso mi ignorancia respecto al número de siglos transcurridos antes de la creación del hombre. Pero no me queda la menor duda de que no existe criatura alguna coeterna con el Creador. El Apóstol menciona unos tiempos eternos, no futuros, sino –lo que es más chocante– pretéritos. Éstas son sus palabras: "en la esperanza de una vida eterna". Dios, que no miente, había prometido esa esperanza antes de los tiempos eternos; al llegar el momento, ha cumplido su palabra públicamente. Ahí está su afirmación de que antaño hubo unos tiempos eternos, claro que sin ser coeternos con Dios, puesto que Él, antes de tales tiempos, no solamente ya existía, sino que prometió la vida eterna, dada a conocer a su tiempo, cuando fue conveniente. ¿De qué se trata sino de su palabra? Ésta, de hecho,

Sin embargo, hay quienes, más astutos que piadosos, argumentan que los grandes cambios provocados por diluvios e incendios son los responsables de que el mundo parezca efímero y, en cierto modo, renovado. De esta manera, intentan reafirmar su creencia en la eternidad del mundo.[168]

Retorno ahora, con vuestro permiso, al punto de partida de mi tratado, del cual me he alejado siguiendo una sucesiva cadena de temas. Debo advertir, sin embargo, que considero a Aristóteles como el pensador al que principalmente hay que cuestionar, no porque sus errores sean más numerosos sino porque goza de mayor autoridad y cuenta con un séquito más amplio de seguidores.

Mis jueces quizás se verán obligados, por evidencia o por mera honestidad intelectual, a reconocer que Aristóteles no comprendió cabalmente lo concerniente a Dios y a la eternidad. Ello se debe a que para abordar tales temas es necesario trascender los límites de la razón pura. Sin embargo, siempre defenderán que en lo relativo a lo humano y temporal, Aristóteles lo comprendió todo con absoluta perfección. Volvamos a lo que Macrobio le discute a tan ilustre filósofo, sin que quede claro si lo hace en broma o con seriedad: «Yo entiendo que semejante hombre no pudo ignorar nada».[169] Sin embargo, mi opinión es radicalmente opuesta: no es admisible pensar que un ser humano pueda alcanzar un conocimiento absoluto con su limitada inteligencia humana. Es precisa-

---

es la vida eterna. ¿Y cómo ha prometido esto, tratándose de una promesa a los hombres, que no existían antes de tales tiempos eternos, sino porque en su eternidad y en su propia palabra, coeterna con Él, ya estaba predestinado y fijado lo que a su tiempo había de suceder?». Traducción de Santos Santamarta del Río, OSA y Miguel Fuertes Lanero, OSA. Versión en línea: https://www.augustinus.it/spagnolo/cdd/cdd_12.htm

[168] Según Wolf (2020), alude de forma confusa a *La ciudad de Dios,* 12, 10, donde se explica la teoría estoica según la cual el mundo procede de una conflagración general y de una palingenesia. También Aristóteles desarrolló esta misma teoría en *Meteorológicos* (351b).

[169] Petrarca, *Epístolas,* 1, 1, 14. Cf. Macrobio, op. cit., 2, 15. 18.

mente esta divergencia la que genera sus recelos hacia mí. Aunque la causa profunda sea otra, lo que esgrimen abiertamente es que no venero a Aristóteles.

Hay otro a quien sí que adoro, alguien que no me hace promesas vanas o frívolas sobre asuntos triviales ni me presenta conjeturas engañosas que carecen de valor. Lo que me promete es algo mucho más profundo: puedo conocerlo a él mismo. Si me otorga este conocimiento, considerando que todo lo existente ha sido creado por él, me resultarán superfluas las especulaciones, me parecerá sencillo comprenderlo todo y cualquier duda se tornará ridícula. A este ser es a quien poseo, en él deposito mi única esperanza; lo tengo y lo adoro. ¡Ojalá quienes me juzgan lo honraran con verdadera piedad! Si así lo hicieran, comprenderían que los filósofos mienten con frecuencia –y hablo específicamente de aquellos que se autoproclaman filósofos–, pues los auténticos filósofos normalmente dicen la verdad. Pero no creo que Aristóteles sea uno de ellos, ni tampoco Platón, quien de entre toda esa caterva de filósofos antiguos es el que más cerca está de la verdad, según dicen los filósofos cristianos.[170]

Estos seguidores están tan cautivados hasta por el nombre de esta persona, que incluso consideran un sacrilegio disentir de cualquiera de las doctrinas de 'él'. Para ellos, la mayor prueba de mi ignorancia es que, cuando hablo de virtud, no me refiero exclusivamente a la aristotélica. ¡Un crimen que, en su opinión, merecería la pena de muerte! Es completamente posible que haya sostenido opiniones, no solo distintas, sino incluso contrarias a las del maestro, pues, como decía Horacio de sí mismo, «no suelo apropiarme de las palabras de mi maestro».[171] Incluso puede ocurrir que esté expresando exactamente lo mismo que él, pero con distintos términos, y que estos jueces, que lo juzgan todo sin comprenderlo, interpreten que le contradigo. La mayoría de los ignorantes, en efecto, se aferran a las palabras como un náufrago a una

---

[170] San Agustín, *La ciudad de Dios,* 8, 9.
[171] *Epístolas,* 1, 1, 14.

tabla de salvación, sin admitir que un mismo concepto puede expresarse de maneras diferentes. ¡Tan estrecha es su mente y tan pobre el lenguaje con el que articulan sus pensamientos!

En cualquier caso, me temo que el estilo de ese hombre, tal como nos ha sido transmitido, no termina de agradarme. La verdad es que, antes de ser sentenciado como ignorante, me había informado previamente sobre Aristóteles leyendo lo que de él dicen los propios griegos e incluso Cicerón,[172] y todos coinciden en que, en su propia lengua, los escritos del filósofo son agradables, profundos y cuidados. Sin embargo, sus traductores, tal vez por su propia vulgaridad o por no respetar el texto original, nos han legado unos textos que resultan ásperos, duros y poco gratos tanto para los oídos como para la mente. Y esto ocurre porque a menudo es más fácil para el hablante y más agradable para el oyente expresar el pensamiento de Aristóteles con unas palabras que no recogen exactamente lo que él dijo.

No voy a ocultar lo que, en muchas ocasiones, he manifestado a mis amigos y que ahora me veo obligado a consignar por escrito, a pesar de ser consciente del considerable riesgo que asumo: dañar mi propia reputación y proporcionar una prueba definitiva de la ignorancia de la que se me acusa. Lo escribiré, sin temer los juicios de estos hombres. No me importa que me escuchen todos los aristotélicos, dondequiera que se encuentren. Tú sabes lo fácil que les será escupir sobre este libro pequeño, extraño[173] y solitario –porque se trata de gente a quien le gusta calumniar–; pero el propio libro encontrará un paño con el que limpiarse: a mí me basta con que no me escupan. Y digo más: que me escuchen todos los aristotélicos, y –como Grecia es incapaz de entender nuestro modo de hablar–, que me escuchen los que están en Italia, en Francia, en la contenciosa ciudad de París y en la rui-

---

[172] Cicerón (*Sobre el orador,* 3, 35, 141) se refería a los diálogos aristotélicos hoy perdidos.
[173] Extraño al entorno aristotélico.

dosa calle de la Paja.[174] A menos que me equivoque, he leído todas las obras morales de Aristóteles y he asistido a lecturas públicas de alguna de ellas,[175] y todo eso lo hice antes de que mi supuesta ignorancia fuera puesta en evidencia. Creo que entendí bastante bien lo que exponía y que, en cierta medida, me hicieron más docto. Sin embargo, nunca me ayudaron a mejorar realmente como persona. A menudo me he cuestionado, tanto en soledad como en compañía, si esta filosofía cumplía verdaderamente con su propósito. En la primera de sus éticas, el propio filósofo afirma que estudia esta parte de la filosofía, no por el placer del conocimiento, sino para que nos transformemos en mejores personas.[176] Reconozco que la virtud está magistralmente definida y clasificada por tan egregio pensador, quien trata con brillantez tanto sus propiedades como las del vicio. Después de todo lo aprendido, sé más sobre el tema, pero mi actitud permanece invariable, mi voluntad no ha cambiado y yo sigo siendo el mismo.

Una cosa es conocer y otra amar, una comprender y otra querer.[177] No puedo decir que aquel no enseñe lo qué es la virtud; pero al leerlo apenas nos sentimos inspirados o animados a inflamar nuestro espíritu e impulsarlo hacia el amor a la virtud y al rechazo del vicio. Esto sí que lo hacen los autores latinos, comenzando por Cicerón, pasando por Anneo[178] y, sorprendentemente,

---

[174] La calle de la Paja, la 'rue de Fouarre', a la que llama Petrarca 'Straminum vicus', era el principal asiento de las aulas de la Sorbona medieval. También Dante habla de ella en su *Comedia* (*Paraíso,* 10, 137): «Che leggendo nel Vico degli Strami, sillogizzò invidiosi veri». También parece referirse en este pasaje a la controversia entre los filósofos católicos y los aristotélicos.

[175] Es muy probable que Petrarca asistiese a las lecturas públicas de las obras de Aristóteles cuando estudiaba en la Universidad de Bolonia.

[176] *Ética a Nicómaco,* 2, 2 (1103b).

[177] La dialéctica entre entendimiento y voluntad opuso, durante toda la Edad Media, a los partidarios de San Agustín (que privilegia la segunda) y los de Santo Tomás (quien opta por el primero). Petrarca es agustiniano, como deja claro al elegir al obispo de Hipona en cuanto interlocutor en su *Secretum.*

[178] Lucio Anneo Séneca.

incluso Flaco,[179] un poeta de estilo algo tosco, aunque de pensamiento profundo. ¿Qué valor tiene conocer la virtud si ese conocimiento no nos impulsa a una disposición más noble? ¿De qué nos sirve comprender el pecado si al reconocerlo no sentimos horror hacia él? Por Hércules, si la voluntad es débil, incluso teniendo clara conciencia de lo arduo que es practicar la virtud y lo fácil que resulta caer en el vicio, un alma indolente y vacilante puede dejarse arrastrar hacia lo más bajo. No nos sorprende, por otra parte, que un autor como este se esfuerce tan poco por dirigir nuestros espíritus hacia la virtud, pues se burlaba del que fue el padre de este tipo de filosofía, de Sócrates, al que llamaba literalmente «tratante de moral»,[180] y si creemos a Cicerón, lo despreciaba, así como Sócrates lo despreció a él.[181]

Por el contrario, quienes han leído a nuestros autores latinos saben que su elocuencia nos penetra hasta lo más profundo, traspasando nuestras entrañas con púas ardientes y afiladas. Con su palabra se estimula a los perezosos, se enciende el entusiasmo de los indiferentes, se despierta a los somnolientos, se fortalece a los débiles, se levanta a los caídos y se eleva a los mundanos hacia pensamientos sublimes y deseos nobles. Y ello hasta tal punto que los asuntos terrenales les resultan insípidos y la sola idea del vicio les inspira profunda repugnancia; la virtud se les revela en sus ojos internos y su belleza –aquello que Platón llamaba «el rostro del bien»– engendra en ellos un amor maravilloso tanto por la virtud

---

[179] Quinto Horacio Flaco.

[180] Platón, *Fedro* (250d), citado por Cicerón en *Sobre los deberes*, 1, 5, 14. 'Tratante de moralidad' –o «circa moralia negotiantem»– es una traducción errónea de *Metafísica*, 1, 6 (987b): Σωκράτους δὲ περὶ μὲν τὰ ἠθικὰ πραγματευομένου (Sócrates se dedicó a los problemas morales).

[181] La enemistad que Petrarca supone entre Aristóteles y Sócrates es también una mala interpretación de Cicerón (Ibid., 1, 1, 4) donde se alude a la rivalidad ente Aristóteles e Isócrates, no Sócrates. Petrarca, con un anacronismo raro en él, los confunde. Sócrates no pudo conocer a Aristóteles y, por tanto, ser su rival.

como por la sabiduría.[182] No ignoro que esto solo es posible siguiendo la doctrina y con la ayuda de Cristo, y que nadie puede alcanzar la sabiduría, la virtud o la bondad sin beber del único manantial verdadero. No me refiero al imaginario torrente de Pegaso que brota de las grietas del Parnaso,[183] sino a la única fuente que brota del cielo y conduce hacia la vida eterna. Quien beba de esta agua jamás volverá a sentir sed.[183] A quienes persiguen esta meta, los escritores mencionados les ofrecen un gran estímulo y ayuda, pues muchos lectores han descubierto la verdad en sus libros. Agustín, en concreto, reconoce con gratitud lo que le debe al *Hortensio* de Cicerón.[184] En efecto, aun cuando la virtud no sea nuestro objetivo final tal como la definen los filósofos, el camino más recto para alcanzar nuestra meta es precisamente el de la virtud, siempre que sea algo amado, no meramente conocido.

Los verdaderos filósofos que imparten lecciones morales fundadas en la verdad son aquellos cuya intención primordial y exclusiva consiste en transformar a quienes los escuchan o leen. No se conforman con explicar la definición abstracta de la virtud o el vicio, pronunciando sus nombres –uno oscuro, otro luminoso– como meros sonidos que golpean los oídos, sino que son capaces de injertar en nuestros corazones un deseo ardiente: huir de lo que

---

[182] Ibid. nota 179.

[183] Pegaso, el mitológico caballo alado, al pasar por el monte Helicón, hogar de las Musas, se golpeó con la ladera e hizo brotar dos famosas fuentes (*convexa Parnasi*): la fuente de Hipocrene (Fuente del Caballo) y la de Aganippe. Estas fuentes eran consideradas sagradas por los poetas y artistas, pues creían que beber de ellas inspiraba la creatividad estética. Son, por tanto, un símbolo de la inspiración.

[184] San Agustin, *Confesiones,* 3, 4, 7 y 8, 7, 17. El diálogo *Hortensius*, de Cicerón (ahora perdido) fue, según afirma él, el que le condujo al estudio de la filosofía. El propio Petrarca repite esta idea en las *Familiares*, 2: «Dices que yo intento seducir con mis invenciones no sólo al necio vulgo, sino también al propio cielo; y que, por tanto, me dedico a Agustín y a sus libros con una cierta benevolencia simulada, pero sin separarme en realidad de los poetas y los filósofos. Pero ¿por qué iba a abandonarles cuando veo al propio Agustín adherirse a ellos?».

degrada y abrazar lo que nos eleva. Es preferible cultivar una voluntad buena y piadosa que una inteligencia brillante y capaz, ya que, según los sabios, el objeto de la voluntad es la bondad y el de la inteligencia, la verdad. Y es más valioso querer el bien que conocer la verdad. La primera actitud es siempre meritoria, mientras que la segunda entraña a menudo incluso una falta y no admite excusas.[185] Por eso es un grave error consagrarnos a conocer la virtud sin seguirla, y más aún, a conocer a Dios sin amarlo. Pues en esta vida no es posible conocer plenamente a Dios, pero sí amarlo devota y ardientemente. Sin duda, de ese amor se puede disfrutar, mientras que el conocimiento puede llegar a ser incluso doloroso, tal como les ocurre a los demonios que sufren en el infierno precisamente por el Dios al que odian. Aunque no se ame inmediatamente lo desconocido, basta con conocer a Dios y la virtud —pues más allá no hay nada— hasta el punto de comprender que Él es la fuente de todo bien: pura, deleitosa, llena de amenidad, insaciable, en quien y por quien existimos, y por quien todo lo que tenemos cobra sentido. Por eso, la virtud es el más noble de los bienes después de Dios. Asumiendo esto, elevaremos nuestra plegaria a Dios y lo amaremos con todo nuestro corazón y todo nuestro ser, y amaremos la virtud por amor a Dios. Pues Dios es el único creador de nuestra vida, y la virtud su principal ornamento.

Si las cosas están así, quizá no sea reprensible, contrariamente a lo que piensan mis jueces, confiar sobre todo en nuestros filósofos en lo que se refiere a la virtud, aunque no sean griegos. Y si, siguiendo su propio juicio o tal vez el mío, he dicho algo que se aparte de Aristóteles en la forma o en el fondo, eso no debería menoscabar mi reputación ante jueces más ecuánimes. Es conocida, ciertamente, la costumbre de Aristóteles que se recoge en la traducción de Calcidio del *Timeo* de Platón: «Este tiene la costumbre de tomar, de una doctrina que en su conjunto es completa, solo lo que le parece bueno y olvidar el resto con una indiferencia desde-

---

[185] *Romanos* 1:20 («Alardeando de ser sabios, resultaron ser necios»).

ñosa».[186] Supongamos que he afirmado que Aristóteles ha desdeñado, olvidado o quizá nunca considerado alguna cuestión. Esto es posible, ya que le ocurre a cualquier ser humano, aunque, según la opinión de ciertos jueces, tal posibilidad sea incompatible con la fama de Aristóteles. Supongamos que he dicho algo de esta clase, aunque ni siquiera yo mismo sé con exactitud qué he dicho ni qué faltas se me imputan, ya que lo único que hacen es murmurar y difundir rumores. ¿Sería esta una razón suficiente para considerarme sumergido en la ignorancia? ¿Por haberme equivocado en una sola cosa –y cabe la posibilidad de que el error no sea mío, sino de ellos– se me acusa de estar equivocado en todo? ¿Voy a ser condenado por haber fallado en todo y por no saber absolutamente nada? «¿Entonces?», se me podría objetar, «¿no estás criticando a Aristóteles?». No critico a Aristóteles, sino que, en honor a la verdad –que, en mi posible ignorancia, es realmente lo que venero–, a los necios aristotélicos que, cada vez que hablan, citan a Aristóteles, cuando lo único que saben de él es su nombre. Me imagino que incluso él se aburriría de escucharlos, como lo hacemos quienes los oímos, porque tergiversan el sentido de sus escritos, distorsionándolos de forma temeraria.

No hay nadie que lo estime más que yo, ni nadie que respete más a los hombres ilustres. Como dice Ovidio: «Aunque estaba entre poetas, me sentía como ante dioses».[187] Me inclino ante los filósofos y, sobre todo, ante los verdaderos teólogos. Si no supiera que Aristóteles es el mayor, no lo diría, pero lo sé: sé que es el mayor, y también sé que es solo un hombre. Eso es lo que he dicho. Sé que se pueden aprender muchas cosas en sus libros, pero también creo que se puede llegar a saber algo en otros lugares. Y también sé que, antes de que Aristóteles escribiera, antes de que enseñara, antes de que naciera, no faltaron quienes sabían mucho: Homero, Hesíodo, Pitágoras, Anaxágoras, Demócrito, Diógenes, Solón, Sócrates y el príncipe de la filosofía: Platón. «¿Y quién es

---

[186] Op. cit., 250.
[187] Ovidio, *Tristes*, 4, 10, 42.

el que le concede esa supremacía a Platón?», podría preguntarme alguien. Para responder a mi favor, diré que no soy yo, sino la propia verdad. Según dicen, Platón no llegó a comprenderla totalmente, pero la intuyó con certeza y se acercó a ella más que cualquier otro. De esto dan fe autores ilustres[188] como, ante todo, Cicerón[189] y también Virgilio,[190] quien, aunque no le cita directamente, le sigue en espíritu. Además, están Plinio,[191] Plotino, Apuleyo,[192] Macrobio,[193] Porfirio, Censorino[194] y Josefo,[195] entre los paganos. Entre los cristianos, como nosotros, se encuentran Ambrosio,[196] Agustín[197] y Jerónimo,[198] entre muchos otros.[199] Sería fácil demostrar lo que digo, si no estuviera ya demostrado. ¿Quién podría negarle este reconocimiento, salvo alguien que estuviera completamente desquiciado o que gritara tan desaforadamente como los escolásticos en sus oscuros debates? El hecho de que Averroes valore a Aristóteles por encima de otros filósofos se debe a que asumió el profundo compromiso de comentar sus libros hasta tal punto que los hizo suyos. Sin embargo, aunque sus obras me-

---

[188] Petrarca, *Secretum,* 1.

[189] Cicerón, *Cuestiones académicas.*

[190] Especialmente en el libro VI de la *Eneida* se percibe la impronta platónica.

[191] Plinio, *Historia natural,* 7, 31, 1.

[192] San Agustín, *La ciudad de Dios,* 8, 12: «Desde que el mundo es mundo, lo invisible de Dios, es decir, su eterno poder y su divinidad, resulta visible para el que reflexiona sobre sus obras. Pienso haber dejado bien claro que con toda razón escogí a los filósofos platónicos para tratar con ellos lo que se ventila en la cuestión que hemos emprendido sobre la teología natural». Valga este pasaje como ejemplo, pero podríamos citar muchos otros.

[193] Macrobio, op. cit., *passim.*

[194] Censorino, *Libro sobre el día de Navidad,* 14, 12 («Plato ille veteris philosophiae sanctissimus»).

[195] Flavio Josefo, *Contra Apión,* 2.

[196] San Ambrosio, *Sobre Abraham,* 2.

[197] San Agustín, *La ciudad de Dios,* 8, 4-9.

[198] San Jerónimo, *Dialéctica contra Pelagio,* 3, 7.

[199] La supremacía filosófica de Platón y su cercanía al pensamiento cristiano es un tema recurrente en los pensadores de la antigüedad tardía.

recen indudablemente un gran elogio, debemos ser cautos y desconfiar de quien prodiga alabanzas sin medida. Como reza el proverbio: «Todo mercader ensalza su propia mercancía».

Existen personas que están deseando escribir, pero no se atreven y se convierten en meros divulgadores de trabajos ajenos. Son como aquellos que, desconociendo los fundamentos de la arquitectura, se limitan a blanquear paredes y esperan recibir elogios por una tarea tan trivial. Anhelan una alabanza que jamás conseguirían ni por sus propios méritos, ni con la ayuda de otros. Para lograr un reconocimiento, recurren a una estrategia: comenzar por ensalzar apasionadamente, con exceso y una exageración desmedida, a los autores y los libros que han tomado como referencia. ¡Cuánta gente hay en este momento que se dedica a explicar –o, mejor dicho, a tergiversar– las obras ajenas! Es tal su necesidad de validación, que prefieren explicar las obras de otros que crear algo original. Si el *Libro de las sentencias* pudiera hablar, testimoniaría con voz clara y quejumbrosa cómo ha sido víctima de cientos de autores que se lo han apropiado sin escrúpulos.[200]

¿Acaso existe algún comentarista que no haya elogiado un texto como si fuera propio? Es curioso cómo alabar lo ajeno se considera un acto de cortesía, mientras que ensalzar lo propio se percibe como un signo de vanidad o soberbia. Pasaré por alto a quienes han optado por realizar una crítica exhaustiva de la obra completa de un autor, como es especialmente el caso de Averroes. Sin embargo, tomaré como ejemplo al propio Macrobio, quien no es solo un comentarista, sino también un escritor excepcional. Al final de su comentario, confesó que prefirió dedicarse no a todos los libros de *La República* de Cicerón, sino únicamente a una parte de un solo libro.[201] Son célebres sus palabras: «Ciertamente debo afirmar que esta obra en su conjunto es perfecta porque contiene

---

[200] El *Libro de las sentencias* de Pedro Lombardo (1100-1160) fue compuesto en torno al 1150 y se convirtió en una obra de referencia que obtuvo gran difusión como manual de teología.

[201] Concretamente, el final del libro sexto.

la totalidad de la filosofía».[202] Si interpretásemos su afirmación no ya sobre una parte del libro, sino sobre las obras de filosofía en general, podríamos decir que Macrobio no podría haberlo expresado de manera más precisa. Pudo utilizar más palabras, pero no habría logrado mayor precisión; pues cualquier adición a la totalidad resulta superflua. ¿Qué puede contener la suma de todas las obras de todos los filósofos –tanto las ya escritas como las por escribir– sino la totalidad misma de la filosofía? Y eso, claro está, siempre que tales libros puedan abarcar la filosofía en su integridad, sin que falte ningún elemento ni en los textos existentes ni en los futuros.

Dejémoslo ya. Como he manifestado, soy consciente de que he permitido que mi reputación se estrellase contra un duro escollo, al atreverme a juzgar y comparar a tan grandes filósofos. La ignorancia que se me imputa –y que nunca he negado– es la causante del desatino que ha cometido mi pluma. La ignorancia hace a los hombres locuaces y audaces. Lo que normalmente refrena el ímpetu de los oradores es el temor a perder su prestigio; precisamente ese mismo temor me lleva a cuestionarme qué podría temer cuando ya mis propios amigos han dictado sentencia. No se puede perder lo que ya está perdido. Cualquier cosa que yo diga solo confirmará aquello por lo que se me juzga, pues no hay nada más insignificante que la nada misma.

He llegado hasta aquí impulsado por un viento cuyo origen desconozco, y una vez que me he topado con el escollo, saldré de este lugar como pueda, exponiendo lo que tantas veces he respondido a inquisidores mucho más importantes.

Si me preguntaran si fue más ilustre e importante Platón que Aristóteles, no soy tan ignorante –aunque algunos lo crean– como para precipitarme en dar una respuesta. Incluso para los asuntos más insignificantes, una respuesta debe ser ponderada y calibrada con cuidado. Basta con observar lo acaloradas que pueden volverse las frecuentes discusiones entre sabios cuando comparan figuras como las de Cicerón y Demóstenes, Virgilio y Ho-

---

[202] Macrobio, op. cit., 2, 17, 141.

mero, Salustio y Tucídides, e incluso el propio Platón con su discípulo Jenofonte.[203] La lista podría continuar indefinidamente.

La indagación se torna particularmente compleja cuando se intenta pronunciar una sentencia judicial sobre quién es superior entre Platón y Aristóteles, pues no existe autoridad suficiente para semejante empresa. Si se preguntara quién recibe más elogios, sin vacilación diría que la principal diferencia radica en su audiencia: Platón es alabado por príncipes y nobles, mientras que Aristóteles lo es por la plebe en su conjunto. Platón es ensalzado por los más importantes y Aristóteles por la mayoría; sin embargo, ambos merecen ser elogiados tanto por el pueblo llano como por los más selectos. Tanto en las ciencias naturales como en las humanas, alcanzaron el más alto grado al que puede llegar la inteligencia y el estudio humano. No obstante, en las ciencias divinas sobresalen Platón y los platónicos, aunque ni uno ni otro pudo alcanzar la cima del conocimiento. Como he señalado, Platón se aproximó más a la verdad, algo que ningún cristiano fiel, especialmente conocedor de las obras de Agustín, pondría en duda.[204] Incluso los griegos actuales, a pesar de su considerable ignorancia, no ocultan esta realidad y continúan la tradición de sus ancestros: denominan a Platón 'divino' y a Aristóteles, 'demoníaco'.[205]

No se me escapa la frecuencia con que Aristóteles disputa con Platón en sus escritos. Lo hace con una honestidad admirable y sin sombra de envidia, aunque en algunos de sus libros afirma ser «amigo de Platón, pero más amigo de la verdad».[206] Cu-

---

[203] La noticia viene del *Policrático* (2, 2), de Juan de Salisbury.

[204] San Agustín, *La ciudad de Dios,* 8, 11.

[205] Hay que entender 'demoníaco' con el significado que poseía en griego clásico el término δαίμων, es decir, 'semidivino', 'milagroso' o simplemente 'sabio'. Petrarca puede haber basado su información en alguna traducción medieval del neoplatónico Proclo. Él aquí lo usa con el sentido que la palabra adquiere en el cristianismo, o sea, 'diabólico', de manera que Aristóteles era considerado por los griegos como 'sabio' y Platón, como 'divino'.

[206] Lo que dice Aristóteles en la *Ética a Nicómaco,* 1, 4 (1096a) es: «ἀμφοῖν γὰρ ὄντοιν φίλοιν ὅσιον προτιμᾶν τὴν ἀλήθειαν»: «Pues siendo ambas cosas

riosamente, este mismo aforismo podría aplicarse a él: es fácil polemizar con un muerto. Muchos hombres ilustres defendieron posteriormente la doctrina de Platón, especialmente su teoría de las ideas. Contra esta doctrina, Aristóteles despliega todo el vigor de su intelecto en una disputa aguda y contundente. Sin embargo, el propio Agustín realiza una defensa de la doctrina de las ideas que, a mi juicio, cualquier lector devoto encontrará tan convincente como los argumentos de Aristóteles o de Platón.[207]

Incidiendo en el tema, diré una sola cosa para rebatir el error de mis jueces y de quienes se les asemejan. Estos suelen fundamentar sus opiniones en el criterio del vulgo y, de modo insolente e ignorante, objetan que Aristóteles escribió muchísimo. Y no se equivocan: de hecho, Aristóteles escribió numerosos libros, incluso más de los que ellos conocen, ya que algunos ni siquiera han sido traducidos al latín. Afirman, con desprecio hacia Platón, a quien desconocen y rechazan, que este apenas escribió uno o dos libritos. No habrían proferido semejante desatino si fueran tan eruditos como pretenden que yo soy ignorante.

No soy ni letrado ni griego, pero en mi casa poseo dieciséis libros de Platón, cuyos títulos dudo que ellos hayan oído alguna vez. Se sorprenderán al saberlo. Si no me creen, que vengan y lo comprueben. Mi biblioteca, que he dejado a tu cuidado,[208] es la de un hombre culto y erudito, a pesar de haber sido formada por alguien a quien ellos califican de ignorante. La conocen bien, pues con frecuencia han entrado en ella para ponerme a prueba. Que vengan ahora para comprobar si también Platón era otro ignorante que tenía fama de sabio. Descubrirán que todo lo que digo es cierto y reconocerán que, aunque pueda ser ignorante, no soy un mentiroso. Estos hombres tan instruidos encontrarán no solo textos griegos, sino también numerosas traducciones al latín que, estoy

---

queridas, es justo preferir la verdad». Pero la acuñación del proverbio parece deberse a la *Vida de Aristóteles*, de Amonio Saccas.

[207] San Agustín, *La ciudad de Dios,* 8, 5 y 11, y *De la verdadera religión,* 3, 3.

[208] Petrarca se dirige al destinatario del *De ignorantia*, Donato Albanzani, a quien confió su biblioteca al dejar Venecia para viajar a Pavia en 1367.

seguro, les resultarán desconocidas. Que juzguen como quieran sobre la calidad de estas obras; pero en cuanto al número, no pueden decir nada distinto a lo que afirmo, y ni siquiera estos individuos, tan propensos a la duda, se atreverán a discutirlo. De los libros a que me refiero, ¿cuántos son de Platón? Con estos propios ojos he visto muchos otros, especialmente en casa de Barlaam el calabrés,[209] un ejemplo moderno de sabiduría griega. Fue él quien se atrevió a intentar enseñarme griego a mí, que apenas domino el latín. Quizás lo habría logrado de no ser porque me lo arrebató la muerte, que, como suele hacer, cercenó aquel noble proyecto.[210]

V

Me he alejado en exceso y, siguiendo el curso de mi propia ignorancia, he sido demasiado indulgente con mi mente y mi pluma. Tengo que volver a donde estaba. Ya te he referido, más o menos, las razones por las que mis compañeros, de forma amable pero paradójicamente injusta, me someten a juicio. La más grave, a mi parecer, es que –aunque pecador– soy profundamente cristiano y casi puedo escuchar ahora el mismo reproche que oyó Jerónimo: «¡Mientes! Eres ciceroniano, no cristiano. Donde está tu tesoro, allí está tu corazón».[211] Responderé que mi tesoro incorruptible y la parte más importante de mi corazón están con Cristo. Sin embargo, por las enfermedades y cargas de esta vida mortal –tan difíciles de soportar como de nombrar–, confieso mi debilidad: no puedo elevar las partes más bajas de mi alma –el apetito irascible

---

[209] Barlaam el Calabrés (1290-1347) fue un monje, teólogo, humanista y filósofo bizantino de origen griego que jugó un papel esencial en el diálogo intelectual entre Oriente y Occidente. Nacido en Regio de Calabria, fue embajador en Bizancio en época del emperador Andrónico III. En 1339 viajó a la corte de Aviñón y conoció a Petrarca.

[210] Petrarca, *Secretum*, 2.

[211] San Jerónimo, *Epístolas,* 6, 22, 30, con cita de *Mateo* 6:21.

y el concupiscente– para separarlas de sus afectos mundanos.[212] Cuántas veces, lleno de tristeza e indignación, he intentado apartarlas de la tierra, y cómo sufro por no haberlo conseguido. El único testigo de este esfuerzo es Cristo, quien quizás se compadezca del sano intento de un alma débil, oprimida y abrumada bajo el peso de sus pecados.

No niego que me he dedicado a tareas vanas y peligrosas. Sin embargo, el estudio de Cicerón no se cuenta entre ellas. Estoy seguro de que nunca me ha causado daño y me ha servido de mucho. No creo que nadie se sorprenda si digo que Agustín hizo una afirmación similar.[213] Como ya lo he comentado anteriormente, seré breve. No disimulo mi admiración por el ingenio y la elocuencia de Cicerón. Incluso Jerónimo, a pesar de su célebre sueño aterrador donde se le reprochaba ser más ciceroniano que cristiano,[214] y a pesar de los ataques de Rufino, no abandonó su estilo ciceroniano. El propio Jerónimo se excusa por ello en algunos de sus pasajes.[215] Cicerón, si se le lee con espíritu cristiano y humildad, no ha perjudicado a nadie. Al revés, ha sido beneficioso para quienes buscan cultivar la elocuencia y llevar una vida digna. Tomemos como ejemplo a Agustín, quien, al regresar de Egipto, «expolió a los egipcios»[216] llenando sus bolsillos de cono-

---

[212] Petrarca sigue la doctrina de la división platónica del alma: la razón, las pasiones (*irascibilis appetitus*) y los apetitos corporales (*concupiscibilis appetitus*), en este orden, de más a menos noble. Cf. *Secretum, 1*.

[213] Cf. *Secretum*, 1, 150. San Agustín, *Confesiones, 3, 4, 7 y 8, 7, 17*.

[214] San Jerónimo, en una epístola dirigida a Eustoquia (22, 30, 4), cuenta que tuvo un sueño en el que se vio ante un tribunal. Mientras que él afirmaba que era cristiano, el juez le espetó lo que Petrarca ha narrado antes.

[215] San Jerónimo, *Apología contra Rufino*, 1, 30-31. Entre Jerónimo y Rufino se libró un vivo debate a propósito de la traducción de una obra considerada herética: el *Tratado de los principios*, de Orígenes. La polémica de Jerónimo con Rufino figura extractada en uno de los códices ciceronianos de Petrarca.

[216] Como hicieron los israelitas al huir de Egipto; aprovechar la cultura clásica para defensa de la cristiana se designaba a menudo como 'expoliar a los egipcios'. Cf. San Agustín, *Sobre la doctrina cristiana, 2, 40, 61*.

cimiento y haciendo uso de las armas de sus enemigos para convertirse en un gran guerrero de la Iglesia y un defensor incomparable de la fe.

Cuando reflexiono acerca de estas armas intelectuales, en concreto sobre la elocuencia, debo reconocer que mi máxima admiración es para Cicerón. Lo venero más que a cualquier otro escritor de cualquier lugar y época. Sin embargo, por mucho que lo respete, no lo imito, sino que me esfuerzo en hacer lo contrario, ya que considero que si imitase a alguien tan de cerca, podría incurrir en algo que no tolero en otros. Si admirar a Cicerón es lo que llaman ser ciceroniano, entonces soy ciceroniano. Porque ciertamente lo venero, y me sorprende que haya quienes no lo aprecien. Si con esto que estoy diciendo doy una prueba más de mi ignorancia, confieso que así me siento, aunque tema que esto demuestre mi estupidez. Mas cuando la reflexión y el diálogo versan sobre la religión, es decir, sobre la verdad suprema, la auténtica felicidad y la salvación eterna, ya no me identifico ni con ciceronianos ni con platónicos. Únicamente me defino como cristiano. Estoy convencido de que, si Cicerón hubiera conocido a Cristo y recibido su enseñanza, habría sido cristiano.

En cuanto a Platón, el mismo Agustín no duda en afirmar que, de haber vivido en nuestro tiempo o haber conocido lo que iba a venir, habría sido cristiano.[217] Menciona como ejemplo a muchos platónicos, y es de suponer que él mismo era uno de ellos. Basándonos en este hecho, ¿puede el elogio a Cicerón constituir un obstáculo para el dogma cristiano? ¿Qué perjuicio puede derivarse de consultar los libros de Cicerón? Leer los libros de los herejes no causa daño y, de hecho, como arguye el apóstol, puede incluso resultar beneficioso:[218] «Realmente tiene que haber escisiones entre vosotros para que se vea quiénes resisten la prueba».

---

[217] San Agustín, *La ciudad de Dios,* 8, 5, 11; 10, 2; y 11, 4-6. También *De la verdadera religión*, 3, 3.
[218] I *Corintios,* 11, 19.

Pero, por lo demás, a pesar de lo que acabo de decir, me fiaría más de un católico humilde y devoto que del propio Platón o de Cicerón.

Esta va a ser la prueba definitiva de mi ignorancia; y me congratulo de que así sea, deseando que continúe de este modo. Pues queda claro que los varones ilustres estarían de acuerdo conmigo: si supieran que algún filósofo célebre, incluso su adorado Aristóteles, hubiera renacido y abrazado el cristianismo, le habrían acusado sin vacilar de insensatez y desatino. Estos soberbios necios despreciarían a quien antes veneraban con fervor; tal es su vanidad y tan profundo su rechazo a la verdad, que lo considerarían un simple ignorante por el mero hecho de haber renunciado a la nebulosa y grandilocuente ignorancia de este mundo para abrazar la sabiduría del Padre.

No albergo la menor duda de que Victorino –aquel eminente profesor de retórica tan distinguido que mereció una estatua en el foro romano–, cuando se manifestó con voz diáfana y salvífica como seguidor de Cristo y la verdad revelada, fue tachado por esos espíritus soberbios y demoníacos de insensato y delirante. Como refiere Agustín en sus *Confesiones*, [219] el vilipendio y los ultrajes fueron tales que Victorino, por temor a la afrenta, hubo de postergar su conversión.

Me atrevo a conjeturar que al propio Agustín le aconteció algo similar. Como figura más ilustre, su conversión provocó un impacto más profundo, resultando especialmente nociva para los enemigos de Cristo y su Iglesia, y muy grata y útil para los fieles. Él mismo evoca en sus *Confesiones* aquel momento en Milán cuando abandonó el magisterio de la retórica y, guiado por Am-

---

[219] San Agustín, *Confesiones,* 8, 2, 5. Cayo Mario Victorino, el Africano (Cartago, *ca.* 300-Roma, *ca.* 382) fue un filósofo neoplatónico, retórico y polemista cristiano. Antes de su conversión al cristianismo, alcanzó fama en todo el Imperio romano como maestro de retórica, por lo que le fue erigida una estatua en el Foro de Trajano en tiempos del emperador Constancio Cloro.

brosio[220] –aquel fidelísimo y santísimo propagador de la verdad–, abrazó la ciencia celestial y emprendió el camino de la salvación, transformándose de elocuente divulgador de Cicerón en ardiente predicador de Cristo.[221]

Voy a referir un encuentro que me reveló la profundidad de esta enfermedad[222] pestilente. Sucedió mientras conversaba con un hombre de gran reputación, a quien estaba narrando algo sobre Agustín. Él me escuchaba aparentemente complacido, hasta que, con un suspiro desdeñoso, me espetó: «¡Qué lástima que una inteligencia tan preclara haya sido arrastrada por fábulas insignificantes!». Le respondí con firmeza: «Demuestras una absoluta falta de discernimiento al proferir semejante necedad, más aún si realmente la piensas». Él, con sorna, replicó: «El insensato eres tú por creer en cuanto estás relatando. De ti esperaba algo mejor». ¿Qué podía esperar de mí? ¿Quizá el mismo desprecio hacia lo sagrado que él manifestaba?

¡Por el amor de Dios y el respeto a la dignidad humana! Según estos espíritus, un hombre no es sabio si no es hereje y demente, y sobre todo si no es depravado y agresivo, si no va por los pueblos y las plazas profiriendo disparates sobre bestias y cuadrúpedos, como si él mismo fuera un animal. ¿Qué hay de admirable en que mis supuestos amigos no solo me consideren ignorante, sino directamente perturbado? Claramente pertenecen a ese rebaño mentecato que desprecia la piedad, sin importar quién la practique, y que reduce cualquier sentimiento religioso a una mera manifestación de debilidad. Solo ensalzan a quien se atreve a blasfemar contra Dios, a rebatir la fe católica y asentir servilmente cuanto dictamina Aristóteles. Cuanto más se atreve alguien a atacar nuestra fe, esa que ningún intelecto ni fuerza puede doblegar, más ingenioso y erudito se le considera. En contraste, quien la defiende

---

[220] San Ambrosio (340-397), obispo de Milán desde 374. Fue un líder notable de la Iglesia y destacado defensor de la fe cristiana, desempeñando un papel crucial en la conversión de San Agustín al cristianismo.
[221] San Agustín, *Confesiones*, 9, 5, 13.
[222] La enfermedad, según algunos, puede ser la del aristotelismo ateo.

con convicción y pasión es a menudo tachado de torpe e indocto. Piensan que quien profesa su fe es plenamente consciente de su ignorancia, y que su propósito no es otro que encubrirla bajo el ropaje de la religión. ¡Como si sus fábulas no estuvieran plagadas de contradicciones, de ambigüedades y vacíos sin sustancia! Parecen asumir que poseen un conocimiento certero sobre cuestiones complejas y misteriosas, cuando lo que realmente los define es la vaguedad de sus opiniones, siempre licenciosas y carentes de fundamentos sólidos. En verdad, el conocimiento que emana de la fe auténtica es el más profundo, cierto y pleno que existe, superando incluso al que nos ofrecen las ciencias. Al abandonarlo, no encontramos un camino, sino un callejón sin salida; no hallamos una meta, sino un precipicio. No construimos sabiduría, sino que nos adentramos en el terreno del error.

Pero con este modo de pensar y esta forma de juzgar, no sé si les molestan solo aquellos dos pensadores[223] de los que he hablado antes, o bien aquellos otros similares, el más importante de todos el propio Pablo, pues es Jerónimo quien nos relata en su *Comentario a la epístola a los Gálatas* que por la misma razón Pablo empezó a resultarles antipático a los judíos a los que antes agradaba. [224] Y, es más, los fariseos y los pontífices le tachaban de loco por haber pasado de ser un lobo a un cordero, de perseguir a los cristianos a ser apóstol de Cristo. Así piensan también nuestros amigos. Puedo consolarme, pues, de que me reprochen mi ignorancia –e incluso la locura que probablemente también me atribuirán–, sabiendo que comparto este destino con tantos buenos compañeros que han sufrido cosas similares. Más aún, a veces me di-

---

[223] ¿En alusión a Victorino y a Agustín, o se refiere a Aristóteles y a Platón?

[224] San Jerónimo, *Comentario de la epístola a los Gálatas,* 1, 1: «Pablo arguye contra la idea de que, puesto que no fue uno de los Doce, no tiene verdadera autoridad. Aquí adopta deliberadamente el título de 'apóstol' para hacer hincapié en su igualdad respecto a ellos, pues su misión dotada de autoridad procede del Señor resucitado».

vierte y hasta me regocija ser acusado por motivos tan honorables, no solo de ignorancia, sino también de demencia.

Por mi parte, estoy en paz, aunque me duele la actitud de mis amigos. Porque, aunque hayan presentado otras acusaciones, quizás más leves, no faltará la de crimen e impiedad. Para ellos, estas acusaciones traen consigo la infamia y la desgracia; para mí, en cambio, son casi un elogio. Incluso si tales cargos me privaran, no solo de mi reputación, sino también de la vida misma, los afrontaría, de ser necesario, con ánimo sereno y ecuánime. Lo que más me aterra es que la verdadera razón –o quizás la única, y sin duda la principal– que se oculta tras este juicio hostil sea la envidia. Ese sentimiento corrosivo, capaz de infectar muchas miradas, pero nunca aquellas que son sanas y claras. Una envidia que distorsiona la percepción de la realidad.

Es algo asombroso y, para mí, completamente nuevo. No había oído hablar de ello hasta ahora, y, a mi pesar, lo estoy experimentando en carne propia: la envidia que se oculta en el corazón de mis amigos. Y sí, hablo de amigos, aunque está claro que su amistad no es de esas plenas y genuinas que llevan a amar al amigo como a uno mismo. Mis amigos me aman, pero no de todo corazón. O, mejor dicho: me aman de todo corazón, pero no a la totalidad de mi persona. Por mi parte, yo daría sin dudarlo mi vida, entregaría mi cuerpo, mi alma y todo lo que poseo en manos de cada uno de ellos, de todos en conjunto o de cualquiera de ellos, con absoluta confianza. Todo lo ofrecería, excepto mi prestigio, especialmente el que tengo como escritor. La razón de esta excepción no radica en el odio ni en un enfriamiento de nuestra amistad, sino en la envidia, esa que, como ya he señalado, habita incluso en el corazón de la amistad. Reconozco que esto puede sonar duro, y quizá debería expresarlo de otra manera, pero no actúo por celos, sino porque esta realidad me duele profundamente. Sé que, probablemente, les molesta –mejor dicho, estoy seguro de que les molesta– que en los círculos de hombres sabios oigan que se me menciona como a alguien destacado por su conocimiento, sea esto verdad o no, mientras que ellos son considerados poco cultivados o incluso pasan inadvertidos. Por eso buscan privarme de aquello de lo que ellos carecen, y de lo que, si fueran un poco más perspicaces, entenderían que nunca llegarán a alcanzar.

Existe una gran contradicción en sus deseos: por un lado, quieren para mí todo el bien posible, o al menos, un gran bien; pero, por otro, me niegan un bien insignificante. Y eso, creo yo, no se debe a que yo lo posea, sino a que les duele no tenerlo ellos mismos. Buscan, y eso no me parece mal, que nuestra amistad se desarrolle bajo términos de igualdad. Sin embargo, al no ser posible que todos destaquemos, prefieren optar por algo más sencillo: que todos pasemos desapercibidos. Es agradable, lo admito, que entre amigos exista un equilibrio. Cuando alguien sobresale demasiado, los corazones de los amigos, igual que bueyes de fuerzas desiguales, no se ajustan bien bajo el yugo de la amistad.[225] Pero este equilibrio debe darse en el terreno del amor y la lealtad, no en el de la fortuna o la fama. Hay numerosos ejemplos que ilustran esta idea. Basta con observar las diferencias entre Hércules y Filoctetes, Teseo y Pirítoo, Aquiles y Patroclo, o Escipión y Lelio.[226] Así que dejemos que ellos, si lo desean, reflexionen sobre sus sentimientos respecto a mi reputación. Con toda seguridad, estoy convencido de que, a pesar de todo, me tienen en gran estima.

VI

Querido amigo, te cuento más detalles para que comprendas mi estado de ánimo y estés al tanto de mi situación: con mi ignorancia a cuestas, te estoy escribiendo en un pequeño barco, remontando la corriente del Po.[227] Así que no te sorprendas si la mano que escribe o la mente que dicta se desvían, pues estoy navegando contracorriente por este gran río, sin saber nada de navegación. En sus orillas, tiempo atrás, cuando aún era joven, escribí y le di vuel-

---

[225] La imagen la toma Petrarca de *Heroidas* de Ovidio (9, 29-30).
[226] Todos ellos son paradigmas clásicos de amistad.
[227] A finales de mayo de 1367, Petrarca viajaba en barco de Venecia a Pavía.

tas a muchas ideas que fueron alabadas por quienes ahora son ancianos, esos mismos que entonces no habían descubierto lo que los jóvenes de hoy proclaman: que soy un ignorante. ¡Qué inestable es la fortuna de los hombres! Incluso el río Po parece compadecerse de mí, como si recordase el fervor con el que estudié en sus márgenes y entendiera la magnitud de mis actuales preocupaciones. Este río conoció al joven ilustre que fui –y creo poder decir esto sin pecar de arrogancia–, y ahora contempla a un anciano despojado de la brillante vestidura que otorga la fama. Con la fuerza imponente de su corriente, el Po parece animarme a dar marcha atrás, a reclamar justicia ante unos jueces injustos que me han desprovisto de lo que fui.

La verdad es que siempre he detestado el pesado fardo de la fama, esa que despierta la envidia de quienes menos esperas. Y así, huyendo de los litigios y despreciando el desdén, he terminado cayendo en manos de unos salteadores por los que, paradójicamente, siento cierto cariño. Que se queden con ella, si así lo desean; yo se la cedo. Si la fama es como el dinero, algo que puede ser arrebatado al poseedor para beneficio del ladrón, ojalá encuentren en ella algo de sabiduría, o al menos la apariencia de ser sabios, que para los necios viene a ser lo mismo. Por mi parte, liberado tanto de la auténtica sabiduría como de su impostura, parto hacia un lugar donde estoy seguro de que seré más feliz y más rico con mi humilde desnudez que ellos con la sabiduría que han tomado como propia robándosela a otro. Me marcho satisfecho, tras haber soltado este pesado y brillante envoltorio, remontando el Po con remos, velas y cuerdas. Me dirijo a la célebre y antigua ciudad de Ticino,[228] donde, sin duda, volveré a encontrar refugio bajo mi vieja fama, perdida ahora en esta ciudad de navegantes.[229] Eso sí,

---

[228] Pavía, junto al río Ticino, al norte del Po, fue una ciudad famosa por su facultad de leyes, a la que se le concedió una carta imperial en 1361 a propuesta de Galeazzo Visconti, un gran amigo y mecenas de Petrarca. Cuando Petrarca estuvo en Milán, desempeñó en esta ciudad misiones diplomáticas con éxito. Por eso guardaba un agradable recuerdo y gozaba en ella de reconocimiento.
[229] Venecia.

solo si decido recuperarla. Aunque, pensándolo bien, incluso si no la deseo, es probable que no pueda renunciar a ella.

Por lo que a mí respecta, no me importa ser considerado inculto, siempre y cuando se reconozca que soy un hombre bueno. Esto es lo que deseo. Así estaré más tranquilo, y es precisamente tranquilidad lo que necesito actualmente, pues estoy cansado. Este reposo del que la falsa reputación de ser un hombre culto me ha privado hasta ahora, espero obtenerlo gracias a la reputación de ser ignorante, sea esto verdad o mentira. Me hará bien, en cualquier caso, aunque llegue un poco tarde. Me temo, sin embargo, que lo ansiaré y lo procuraré en vano. Pues son muchos los que no están de acuerdo con mis jueces, que no solo allá adonde me dirijo, sino por todo nuestro mundo conocido, harán valer su opinión, aunque yo dé el asunto por concluido. En todas partes, un tribunal más numeroso y egregio que este hará recaer sobre la cabeza de mis censores su propio fallo. Pero quizá esto no ocurra en esta noble y excelente ciudad, donde se atreven a juzgarme y en la que, por la abundancia y la rica diversidad de su población, hay muchos que se atreven a juzgar sin estar preparados para ello.

En efecto, allí reina una gran libertad en todos los sentidos, y lo que yo llamaría el único mal, o el peor de todos, es una libertad de expresión que considero excesiva. En virtud de esta libertad, hombres totalmente desacreditados se atreven a insultar a individuos renombrados e ilustres. Por eso, los hombres de valía se enfadan, y hay en esta ciudad tantos que uno se pregunta si puede haber una cantidad similar de hombres sabios y prudentes en alguna otra urbe. Sin embargo, las filas de los ignorantes, aquí como en todas partes, son mucho mayores que las de los sabios, y cuando estos protestan, lo hacen en vano. La palabra libertad les suena tan bien a todos, que la gente sin formación piensa frecuentemente que es sinónimo de temeridad y osadía. De ahí que las lechuzas hieran al águila impunemente, los cuervos al cisne y los monos al león. Con esta metáfora, quiero ilustrar cómo los delincuentes hostigan a los honrados, los iletrados a los cultos, los cobardes a los valientes y los malvados a los buenos. La gente de bien no se enfrenta a los desmanes de los inmorales porque estos son mayoría y gozan del respaldo de la multitud, que considera que les está permitido decir cuanto se les antoje. Tan profundamente está arraigado lo que ya había advertido Tiberio: «En una ciudad libre, la lengua y la mente deben ser también libres».[230] Y así debe ser, pero siempre que esta libertad no conduzca a cometer injusticias.

Ya ves que intento concluir, pero no lo logro. Han ido surgiendo numerosos temas que han interrumpido el desarrollo del discurso. Soy consciente de que habría sido más prudente y propio de una persona seria guardar silencio. Sin embargo, es difícil no reaccionar cuando alguien le provoca a uno. Por eso me he visto obligado a enfrentar estas provocaciones, bien sea aplastando las pulgas o bien sacudiéndolas con un manotazo. Yo había sobrellevado mejor estas ofensas sabiendo que tú también lo harías. En este asunto, lo que realmente me molesta no es que me acusen de ignorante –algo que, de hecho, aceptaría gustosamente–, sino la insolencia de estos individuos. Sin embargo, como ya te he dicho, lo habría soportado en silencio si no fuera por ti. De hecho, este extenso tratado[231] lo he compuesto no tanto para desahogar mi propia indignación, sino para calmar la tuya. Por eso te he escrito, no ya una simple carta sobre mi ignorancia, sino casi un libro. He añadido numerosas observaciones sobre la ignorancia de la gente en general, e incluso de cada individuo en particular. Son reflexiones que me iban surgiendo sobre la marcha y que, si se meditan con detenimiento, no diría yo que darían para un tratado pequeño, sino para completar libros enteros. Y es que me cuestiono si hay algo más generalizado que la ignorancia, algo que se reproduzca más o esté más extendido. Mire a donde mire, la encuentro;

---

[230] Suetonio, *Vida de los Césares: Tiberio*, 28, 1 («Insensible a la maledicencia, a los rumores insidiosos y a los versos difamatorios propagados contra él y los suyos, frecuentemente decía que, en una ciudad libre, la lengua y el pensamiento debían ser libres»). La realidad era, como se sabe, muy otra.

[231] Recuérdese que, al principio, Petrarca decía que esta obra, "más que un libro, es una conversación plasmada en papel".

tanto en mí como en los otros, pero, sobre todo, como digo, en mis propios jueces. Si ellos reconocieran la ignorancia que hay en ellos mismos, tal como yo reconozco la que hay en mí, evitarían hacer juicios sobre la ignorancia ajena, y su tribunal absolutamente inicuo e incompetente se cerraría de manera permanente. Pues ¿quién, sino un necio, condena en otro una falta que reconoce cometer él mismo? Solo cabría una excusa: pronunciaron la sentencia después de una cena, en un estado de ánimo que les elevó la consideración de sí mismos.

La primera parte de su título, *Sobre mi propia ignorancia*,[232] habría parecido adecuada a primera vista si no hubiera añadido otra cosa. No hay motivo para escandalizarse si uno recuerda que el triunviro Antonio escribió un libro sobre su propia embriaguez.[233] Este título es, sin duda, mucho más vergonzoso que el mío, en la medida en que los vicios morales son más censurables que los intelectuales. La causa de la ignorancia propia puede ser la desidia o la torpeza natural, mientras que la embriaguez revela una falta de voluntad o una mente pervertida. Y así como Antonio presumía de ser el más borracho de todos, con excepción del hijo de Cicerón (me da hasta vergüenza mencionarlo), yo admito ser el mayor ignorante, con excepción no ya de uno, sino de cuatro.

Ya he dicho bastante. Tal vez demasiado. Como quien sale de corrientes agitadas, ya diviso un puerto. En fin, soportaremos con ánimo optimista que nos llamen ignorantes, tanto si es verdad como si es mentira. Lo cierto es que solo teme a la mentira quien poco confía en la verdad, y solo odia la verdad quien ama la mentira. Si es una infamia, pronto se desvanecerá. Incluso los que la inventaron la olvidarán, avergonzados tras darle vueltas al asunto. En otros ambientes ni siquiera se divulgará y ningún sabio abrirá su puerta para franquearle la entrada. Pero si esta reputación es la debida, ¿por qué no habríamos de admitirla? ¿Vamos a minar una sólida verdad por mantener una buena reputación? En el fon-

---

[232] La segunda parte sería: «y la de muchos otros».

[233] La noticia proviene de Plinio, *Historia natural,* 14, 22, 148.

do, ¿qué hay en este afán de prestigio que pueda atormentar a un carácter noble que conoce los bienes terrenales y aspira a los celestes, que pasa el tiempo considerando cuán pequeño es todo y qué cerca está de no ser nada? Esto lo saben los auténticos filósofos, los que atesoran con mérito el ilustre nombre de la sabiduría, sin atreverme a mencionar a ninguno, pero también los hombres en general. La mente noble comprende lo insignificante del conocimiento humano cuando se compara con la sabiduría divina.

Préstame atención, amigo, y créeme. No voy a contarte nada que no sepas ya porque, aunque sea la primera vez que lo pongo por escrito, es algo que siempre he pensado y manifestado. Si te fijas en cualquiera de esos individuos, sean antiguos o modernos, que ostentan una gran fama de sabios, lo separas de la brillante cohorte de nombres ilustres que lo rodea, y lo examinas con detenimiento, descubrirás que, al centrarte solo en la verdad de las cosas y dejando de lado el ruido que se genera a su alrededor, encontrarás en él más ignorancia que ciencia. Estoy convencido de que, si el propio interesado se dejara someter voluntaria y honradamente a tal examen, si tuviera dignidad, admitiría el resultado. Cuentan que Aristóteles, en su lecho de muerte, suspiró y dijo: «Que nadie presuma ni alardee de tener fama de sabio. Si considera que supera a la media, lo que debe hacer es agradecérselo a Dios, pero ni siquiera esto debe creerlo sin cuestionárselo antes. Porque uno sabe de sí mismo mucho más que los demás, siempre que se juzgue con la severidad de un juez implacable y no con la indulgencia de un adulador complaciente».[234] No cabe duda de que quien se examina con los ojos abiertos y sin la parcialidad con la que solemos engañarnos, permitiendo además que otros nos en-

---

[234] Se desconoce la fuente directa. Quizá se trate de alguna compilación que tenía presente a Cicerón (*Tusculanas,* 3, 28, 69): «Por esa razón Aristóteles censurando a los filósofos antiguos –que habían pensado que, gracias a su ingenio, la filosofía había alcanzado la perfección– dice que ellos son, o de una necedad extrema, o el colmo de la vanidad». La misma idea la transmite San Ambrosio en su *Exposición del salmo 118*, sermón 9, 19.

gañen, encontrará en su interior mucho de qué arrepentirse y muy poco de qué enorgullecerse.

Dejemos de lado este debate tan serio sobre la falta de virtud y volvamos a hablar de la sabiduría. ¿Qué puede temer perder un pobre cuando los que parecen ricos son, en realidad, menesterosos? Aun siendo poco lo que podemos saber, filosofamos con altanería, discrepamos febrilmente y nos enorgullecemos por nuestro gran despliegue de conocimientos engañosos. Pero olvidamos algo fundamental, una verdad que han llegado a reconocer incluso los más grandes pensadores: que el conocimiento es siempre limitado y lo que ignoramos es enorme. Los más sabios son los más conscientes de que su sabiduría es apenas un fragmento diminuto del saber universal. Por eso es absolutamente cierto lo que dijo Cicerón, que todo filósofo serio conoce sus propios límites.[235] Curiosamente, ocurre lo contrario con los menos reflexivos: cuanto menos conscientes son de su carencia de conocimiento, menos les preocupa. De ahí que se observe una correlación clara: las personas más cultas son precisamente aquellas que muestran mayor interés por seguir aprendiendo, mientras que los más ignorantes son quienes menos esfuerzo dedican a adquirir nuevos conocimientos.

Cuando, con absoluta falta de conocimiento, el orgullo humano se lanza a volar con alas sin plumas, ¡cuán inevitables y dolorosos son los escollos que encuentra en su camino! ¡Qué inmensa y patética es la vanidad de los filósofos! Prolifera la multiplicidad de opiniones, la terquedad obstinada y la arrogancia desmedida. El afán por discrepar, polemizar y confrontar combina la ambigüedad de las ideas con la complejidad de los términos. ¡Qué profundos e inaccesibles se vuelven para ellos son los escondrijos de la verdad! Estos sofistas bloquean el camino hacia la verdad con arbustos y obstáculos, dificultando cualquier intento de distinguir la ruta más directa hacia ella. Ya Catón el Viejo decidió ex-

---

[235] Ibid.

pulsar de Roma a Carnéades[236] por un motivo similar, porque con sus razonamientos complicados impedía que se llegase a comprender la verdad. Y así obran estos hombres ilustres que se lanzan a hacer afirmaciones audaces, mientras desconfían de todo y son conscientes de que la verdad total les resulta esquiva. Hablan como Pitágoras,[237] que sostenía que cualquier posición puede defenderse con igual convencimiento que su contraria, porque todos los asuntos son susceptibles de disputa.

Hay quien afirma que la verdad está enterrada en el abismo y, como si dijéramos, escondida en un pozo profundo, y que hay que arrancarla casi como si estuviera en las entrañas de la tierra con ayuda de sogas y garfios, en lugar de subir por la escalera de la gracia y los peldaños de la razón a buscarla en lo alto del cielo. Sócrates dijo: «Solo sé que no sé nada».[238] Arcesilao le reprendió por esta servil confesión de su ignorancia, o quizá por ser demasiado audaz, porque en realidad no sabríamos siquiera que no sabemos nada.[239] ¡Maldita filosofía es esta que, o confiesa su ignorancia, o bien impide reconocerla! ¡Un círculo vicioso! ¡Una incógnita incomprensible!

Por el contrario, Gorgias de Leontinos, uno de los más antiguos rétores, opinaba que podía saber algo o incluso todo, y no por ser filósofo sino por ser orador, y consideraba que, según relata Cicerón,[240] un orador era capaz de hablar bien de cualquier tema. Aun así, el propio Gorgias reconoció que no había sido capaz

---

[236] Plinio, *Historia natural,* 7, 30, 112: «Catón el Censor en aquella famosa embajada de tres eminentes sabios procedente de Atenas, después de oír a Carnéades, juzgó que aquellos embajadores debían ser despedidos, porque con los razonamientos de aquel hombre difícilmente se podía discernir de qué parte estaba la verdad».
[237] Cf. Séneca, *Epístolas,* 88, 43. En realidad, se trata de Protágoras, no de Pitágoras. Sin embargo, en el manuscrito usado por Petrarca se lee 'Pitágoras', en vez del correcto 'Protágoras'.
[238] Cicerón, *Cuestiones académicas,* 1, 4, 16 y 2, 23, 74.
[239] Ibid., 1, 12, 45; Lactancio, *Instituciones divinas,* 3, 6, 7.
[240] Cicerón, *La invención retórica,* 1, 5, 7.

de hacerlo, pues no puede hablar con autoridad de todas las cosas quien no las conoce todas a la perfección. Lo mismo pensaba Hermágoras,[241] quien atribuía al orador la capacidad, no solo de dominar la retórica, sino también la filosofía y cualquier conocimiento humano. ¡Menuda audacia la de su cabeza hueca! Pero, con mucho, la afirmación más osada es la de Hipias, que se atrevió a decir que él lo sabía todo y que reclamaba un reconocimiento, no solo por su prestigio en las artes liberales y en todas las ramas de la filosofía, sino incluso en las artes mecánicas.[242] Se le podría llamar el hombre-dios, si no fuese claro que estaba loco.

Es innegable que el conocimiento humano no puede abarcarlo todo y que hay muchas cosas que nunca llegaremos a conocer. Por otra parte, la doctrina de la Academia con el paso del tiempo ha quedado superada y refutada y ha sido la revelación divina la que ha proporcionado las verdades fundamentales. Por ello nos basta con saber lo que nos ha sido revelado para alcanzar la salvación. Muchos sabios antiguos, a pesar de su extensa erudición, carecían precisamente de esta sabiduría fundamental y, tal como declara el apóstol, «se ofuscaron en sus razonamientos, de tal modo que su corazón insensato quedó envuelto en tinieblas».[243] En mi caso, aspiro a alcanzar esa moderación,[244] virtud que puede cultivarse independientemente del nivel de instrucción que uno posea, como lo demuestra la multitud de santos de ambos sexos que, aun careciendo de educación formal, alcanzaron la santidad. Me sentiré dichoso si logro esta aspiración, aunque no lamento en absoluto haber dedicado mi vida al estudio.

Y en cuanto a estos estúpidos lenguaraces que, en su ignorancia y arrogancia, se inflan buscando el reconocimiento ajeno, diría que son dignos de lástima y de compasión y que, si no me dieran risa, me resultarían irritantes, especialmente cuando los

---

[241] Ibid., 1, 6, 8.
[242] Cicerón, *Sobre el orador,* 3, 32, 127.
[243] *Romanos* 1:21-22.
[244] *Romanos* 12:3.

contemplo enzarzados en debates sin fundamento que desde su inicio están abocados a la derrota. No envidio su vanidad ni su infundada presunción, y menos aún sus posesiones materiales, pues viven en un perpetuo estado de dispersión e inquietud, enajenados e incapaces de encontrar su verdadera identidad.

Para terminar, debo decir que renuncio gustosamente –y de hecho, ya he renunciado– a mi reputación como hombre de letras. Si no me merecía esta fama, me quedo así más tranquilo, y si la merecía, es el modo de librarme de la envidia. El tiempo será mi mejor juez, si es que sigo con honra en lo que me queda de vida. Y si en lo sucesivo pierdo la fama, será el olvido el que ponga las cosas en su sitio. Como he señalado, el veredicto final recaerá en manos del tiempo, juez incorruptible e imparcial, único que permanece inmune a los sentimientos de odio, ira, amor y envidia, auténticos adversarios de la verdad. El tiempo determinará si fui o no realmente sabio. De algo estoy convencido: este mismo tribunal de la historia no otorgará el título de sabios a quienes hoy me juzgan, pues ni siquiera sus contemporáneos y allegados los reconocen como tales. El tiempo emitirá su juicio, y yo, por mi parte, acataré su veredicto, tal es mi promesa. Y si su sentencia resultara adversa, no guardaré rencor hacia estos individuos, pues comprendo bien cuán poderosamente influyen las pasiones en el discernimiento humano. La sentencia de mi culpabilidad no provino verdaderamente de ellos. No. El veredicto fue dictado por esa a la que tanto menciono: la envidia. Fue ella quien, con su propia mano, escribió esta sentencia que ni el amor ni la razón pudieron alterar. ¿Por qué habría de enfadarme con mis amigos por un crimen perpetrado, no por ellos, sino por su propio enemigo? Si un padre no debe responder por los delitos de su hijo, ni este por los de su progenitor, menos aún debería un amigo sufrir por la maldad de un enemigo, especialmente cuando el primero se encuentra cautivo y encadenado por el segundo. Además, si algún día lograra liberarse de tal prisión, vengaría tanto sus propias ofensas como las infligidas a su amigo.

Hay muchas otras consideraciones y ejemplos que pueden ayudarme a contener o sosegar cualquier posible enfado. ¿Ha existido acaso alguna doctrina o manifestación de santidad o virtud tan excelsa que haya escapado a la denuncia? Como señala Livio: «Cuanto mayor es la fama, más envidias suscita».[245] Y así es. La envidia, vicio de naturaleza indolente, no se eleva hacia las almas nobles, sino que, como describe Ovidio, se arrastra por el suelo como la víbora,[246] dedicándose con particular empeño a socavar las raíces de la gloria y a inocular su ponzoña en los nombres ilustres. Al igual que los gusanos ocultos bajo la tierra, que roen lentamente las raíces de los árboles más majestuosos hasta provocar su caída inadvertida, así opera la envidia. Pero, aunque habitualmente actúa desde las sombras y en silencio, en ocasiones irrumpe con violencia, quebrando su mutismo con bramidos de furia desbordada. En la *Ilíada*,[247] Homero retrata cómo Tersites, cojo de un pie, tullido, jorobado, hundido de pecho, calvo y sarnoso, osa enfrentarse abiertamente a Agamenón, rey de los griegos, y a Aquiles, su héroe más poderoso. Y algo similar ocurre en la *Eneida* de Virgilio, donde Drances lanza insultos contra Turno.[248]

No es extraño que esto sea así. Entre quienes compiten o rivalizan, es natural que surja el odio. ¡Cuántas cosas se han dicho sobre el divino Julio César y sobre Augusto, tanto por parte de sus partidarios como de sus adversarios! De todas las historias que se cuentan, lo que más difícil me resulta de creer es lo referido a un hombre tan esforzado como Pescenio Níger, quien afirmó que la estirpe de los Escipiones había sido más afortunada que valerosa.[249] Sin embargo, no hablaba por despecho, sino desde una irres-

---

[245] Tito Livio, *Historia de Roma desde su fundación,* 35, 10, 5: «Escipión tenía la más espléndida de las reputaciones, pero aquel mismo esplendor le exponía aún más a la envidia».

[246] Ovidio, *Pónticas,* 3, 3, 102: «La envidia, vicio estéril, no llega a los caracteres superiores y, cual víbora oculta, se arrastra por el bajo suelo».

[247] Homero, *Ilíada,* 2, 212–277.

[248] Virgilio, *Eneida*, 11, 121-131 y 336-375.

[249] *Historia Augusta: Vida de Pescenio,* 12, 2.

ponsable libertad de juicio. Ciertamente, estos ejemplos, y otros similares, no guardan demasiada relación con el tema que nos ocupa ni nos resultan cercanos, así que centrémonos en otros más próximos.

Podría citar a varios santos, empezando por Jerónimo. Pero esta disertación es profana y debe ceñirse a la cultura. Por ello, mencionaré únicamente los que guardan alguna relación con la disputa que tenemos entre manos. Para empezar, ¿quién no ha oído contar que Epicuro, movido por un orgullo fanático, por envidia, o quizá por ambas cosas, maldecía a todos? A Pitágoras, a Empédocles e, incluso, a su amigo Timócrates, a quien desacreditó por completo, impugnando todo lo que este había escrito. En definitiva, cualquiera que se atreviera a criticar mínimamente sus ideas o a disentir de sus absurdos puntos de vista, se convertía en objeto de su desprecio.[250] Esos tres, junto con otros con quienes Epicuro disputaba, tenían motivos de sobra para ejercitar la paciencia, especialmente porque también dirigía críticas desmedidas contra Platón, Aristóteles y Demócrito. Esto resulta especialmente llamativo, dado que todo lo que sabía de filosofía lo había aprendido de este último, siguiendo sus ideas al pie de la letra y apenas modificando unas pocas palabras de sus escritos. Sin embargo, le injuriaba con acritud, probablemente porque, al presumir constantemente de no haber tenido maestro, buscaba reafirmar esa idea mediante sus ataques. En este afán por denostar, sus discípulos Metrodoro y Hermarco no se quedaron atrás: imitaron a su maestro, arremetiendo sin escrúpulos contra los mismos filósofos, sin respetar ni su prestigio ni su autoridad.[251]

Por su parte, Zenón no era menos mordaz ni malhablado. A Crisipo, un hombre sumamente agudo y, además, de su misma escuela filosófica,[252] se burlaba de él llamándolo 'Crisipa'. Sus

---

[250] Cicerón, *Sobre la naturaleza de los dioses,* 1, 33, 93.

[251] Ibid.

[252] Ambos eran estoicos. Zenón criticó a Crisipo por afeminado. Petrarca malinterpretó el texto de Cicerón antes citado, pues no se refiere al estoico Zenón, sino a un filósofo epicúreo homónimo cuyas lecciones había seguido Cicerón.

ataques no se limitaban a sus contemporáneos; incluso Sócrates, considerado el padre de la filosofía, fue objeto de sus insultos y reproches. Con evidente intención de humillarlo, llegó a referirse a él llamándole mordazmente 'el bufón del Ática'.[253]

Esta misma burla, aunque yo la llamaría afrenta, se usó después contra Cicerón, como él mismo cuenta. Por el tono llamativamente ameno de su estilo, algunos de sus adversarios le llamaban 'el bufón del consulado',[254] mote más digno de estar en los oídos y en las costumbres de esos chistosos que de los oídos y el carácter de aquel hombre.

Es conocido, por otra parte, el modo que tenía Séneca de denigrar a Quintiliano y este, a su vez, a Séneca.[255] Los dos eran hombres ilustres y los dos eran españoles, pero se aguijoneaban el uno al otro y criticaban mutuamente su estilo. ¡Qué asombroso es que algo así ocurra entre gente tan inteligente! Es normal que la gente culta provoque entre los ignorantes a la vez rechazo y admiración, y que por ello estos últimos intenten desprestigiarlos. Los sabios, sin embargo, incluso sin conocerse personalmente, tienen mucho en común, siempre que no sean mezquinos y les pueda su afán de protagonismo, que debe ser lo que les ocurrió a estos dos que hemos mencionado y puede que a otros muchos. Aun así, lo cierto es que cuando estos rencores se amainan, por muy raro que parezca, queda siempre entre la gente ilustre una cierta rivalidad, como ocurre con el mar cuando después de una tempestad se queda removido. Y, según he leído en algunos autores, esto se da por dos motivos. Uno es el sectarismo que se genera entre sus discípulos y seguidores, que les lleva a discutir sea cual sea el punto de

---

[253] Ibid., 1, 34, 93-94. La expresión latina es 'scurra Athicus'.

[254] Macrobio, *Saturnales,* 2, 1, 12.

[255] Petrarca confunde a Séneca el rétor y a su hijo Séneca el filósofo. Tampoco Quintiliano es el orador calagurritano, sino un homónimo anterior al que Séneca el rétor critica en sus *Suasorias,* 10, prólogo, 2. Nuestro Quintiliano sí critica el estilo filosófico de Séneca en *Instituciones oratorias* X, 1, 125-131.

vista de los otros, y en esta disputa arrastran a su maestro. La otra es la valoración que se hace de la opinión del uno y del otro. Muchas veces, sin que ellos sean conscientes, los seguidores les ubican en terrenos opuestos, como si estuviesen en un certamen deportivo. Incluso si los dos hombres están de acuerdo en algún tema y no enfrentados, parece que en silencio luchan por mantener un estatus de preeminencia, como si fueran dos montañas vecinas o dos torres de altura pareja. Otras veces, los motivos de disensión no los azuzan estas causas superficiales sino otras mayores o incluso más amargas, y no revelan solo un desacuerdo intelectual sino un odio verdaderamente profundo. Ciertamente, los ataques de Salustio contra Cicerón[256] y los de Esquines contra Demóstenes, no van contra la inteligencia o contra el estilo del rival, sino contra su personalidad y contienen elementos de hostilidad amarga más que de reconciliación. No hay chistes ni bromas, sino un combate muy distinto del que se suele entablar sobre asuntos culturales o para alcanzar mayor gloria.

Comparando a todos ellos con esta acusación que lanzan mis jueces contra mí, creo que debo tomarla como un juego, fácil de aguantar con más o menos calma. Puedo añadir a estos que he mencionado, otros tantos miles de críticos literarios; por citar alguno, mencionaré a los que rivalizaron con Homero, me refiero a Aristarco y Zoilo; y también a los que rivalizaron con Virgilio, es decir, Cornificio y Evángelo;[257] asimismo, están Asinio y Calvo, que escribieron contra Cicerón. Me viene a la cabeza también Cayo, un príncipe ciertamente sanguinario, pero no inculto, del que se dice que tenía en mente destruir los poemas homéricos porque estimaba que no había motivo para no hacerlo, cuando Platón había podido excluirlos de su *República*.[258] Por poco retira los libros y las imágenes de Virgilio y Tito Livio de todas las bibliotecas,

---

[256] Petrarca no duda de la autenticidad de sus fuentes, pero al parecer son apócrifas. Cf. *Invectivas contra un médico*, I.

[257] Evángelo uno de los interlocutores de los *Saturnales* de Macrobio.

[258] Suetonio, *Vida de los Césares: Calígula*, 34, 3 y 54.

censurando las del primero como propias de un poeta de poca agudeza y escasa cultura, y las del segundo como las de un escritor de historia dicharachero y descuidado.[259] Y de Anneo Séneca, que gustaba mucho entonces y ahora sigue encantando, decía que era 'un pan sin sal'.[260] Estamos hablando de hombres, pero también hubo una mujer griega, llamada Leontino, de la que Cicerón dice que era una prostituta y que se atrevió a escribir en contra del gran filósofo Teofrasto.[261]

Cuando se escuchan estas cosas, ¿se va uno a enfadar por que le ataquen, cuando semejantes personajes sufrieron insultos parecidos?

No me queda ya más que rogaros y suplicaros (y no me dirijo a ti, ni a esos pocos que no necesitáis que os anime a quererme, sino a los demás amigos, a los críticos) que, si no estiman posible apreciarme por mi calidad como hombre de letras, me estimen al menos por ser una buena persona, y si tampoco eso les resulta fácil, que me valoren como amigo que soy de ellos, por mi buena disposición y por mi afecto.[262]

---

[259] Ibid., 34, 4.

[260] Ibid., 53, 3.

[261] Cicerón, *Sobre la naturaleza de los dioses,* 1, 33, 92-93. El Arpinate insulta a Leoncio con dicho calificativo, no dice que se trata de una mujer.

[262] En una apostilla al manuscrito autógrafo de la Biblioteca Vaticana, Petrarca anota que el *De ignorantia* fue dictado dos años atrás, copiado y reescrito luego por él mismo y terminado en Arquà, «inter colles Euganeos», el 25 de junio de 1370, al ponerse el sol, «vergente ad occasum die».